高等学校通识课程系列教材

现代礼仪

（第二版）

主　编　李荣建　周　静
副主编　熊文开

中国人民大学出版社
·北京·

图书在版编目（CIP）数据

现代礼仪/李荣建，周静主编；熊文开副主编. --2 版. --北京：中国人民大学出版社，2023.7
高等学校通识课程系列教材
ISBN 978-7-300-31543-0

Ⅰ.①现… Ⅱ.①李… ②周… ③熊… Ⅲ.①礼仪-高等学校-教材 Ⅳ.①K891.26

中国国家版本馆 CIP 数据核字（2023）第 052641 号

高等学校通识课程系列教材
现代礼仪（第二版）
主　编　李荣建　周　静
副主编　熊文开
Xiandai Liyi

出版发行	中国人民大学出版社		
社　　址	北京中关村大街 31 号	**邮政编码**	100080
电　　话	010－62511242（总编室）		010－62511770（质管部）
	010－82501766（邮购部）		010－62514148（门市部）
	010－62515195（发行公司）		010－62515275（盗版举报）
网　　址	http://www.crup.com.cn		
经　　销	新华书店		
印　　刷	唐山玺诚印务有限公司	**版　　次**	2019 年 7 月第 1 版
开　　本	787 mm×1092 mm　1/16		2023 年 7 月第 2 版
印　　张	9.75 插页 1	**印　　次**	2023 年 7 月第 1 次印刷
字　　数	228 000	**定　　价**	39.80 元

前　言

2022年10月，习近平总书记在中国共产党第二十次全国代表大会所做报告中指出，要“推进文化自信自强，铸就社会主义文化新辉煌”。弘扬中华优秀传统文化，建设文化强国，是中国共产党新征程的重要使命。学习中华礼仪，提升文明素养，展示良好形象，是中国走向全面现代化、走向繁荣富强、实现民族复兴的必要之务。

中共中央办公厅、国务院办公厅《关于实施中华优秀传统文化传承发展工程的意见》指出：文化是民族的血脉，是人民的精神家园。文化自信是更基本、更深层、更持久的力量。中华文化独一无二的理念、智慧、气度、神韵，增添了中国人民和中华民族内心深处的自信和自豪。为建设社会主义文化强国，增强国家文化软实力，实现中华民族伟大复兴的中国梦，要加大宣传教育力度，加强国民礼仪教育，在国家重大节庆活动中体现仪式感、庄重感、荣誉感，彰显中华传统礼仪文化的时代价值，树立文明古国、礼仪之邦的良好形象。研究提出承接传统习俗、符合现代文明要求的社会礼仪、服装服饰、文明用语规范，建立健全各类公共场所和网络公共空间的礼仪、礼节、礼貌规范，推动形成良好的言行举止和礼让宽容的社会风尚。

孔子说：不学礼，无以立。一个人如果不学习礼仪，就难以立足社会。礼仪是人生的必修课。

礼仪蕴含着丰富的文化内涵，反映了社会要求与时代精神。礼仪是营造温馨的灵丹、伸缩有度的准绳、和睦相处的法则、人际沟通的钥匙。礼仪的核心是尊重，在现实生活中，要自尊和敬人。礼仪的特点是为他人着想，尽可能换位思考。礼仪的宗旨是和谐。礼仪讲究内外兼修，重视信誉、效率和细节，提倡交流、合作与分享。对于个人，可沟通心灵，建立友谊，提升修养，塑造形象；对于企业，可增强凝聚力，提高工作效率，提升软实力；对于社会，可规范秩序，倡导文明，促进和谐。

礼仪无处不在。热情的问候、友善的目光、亲切的微笑、文雅的谈吐、得体的举止，尽显礼仪风采。礼仪不是繁文缛节，而是明确的标准与规矩。比如握手礼仪，其顺序、部位、力度、时间等，均有讲究。

礼仪是规范，但不是教条，在特殊情况下可以有所变通。比如上楼梯礼仪，一般情况下，请长辈、领导、客人、女士走在前面，以示对他们的尊重。但是，如果在炎热的夏天，一位身穿短裙的女士有意走在男主人后面，此时男主人就不要墨守成规，非要请女士先行，而应因势变通。人人应自觉遵守礼仪，既不要做礼仪的警察，自以为是，对别人指手画脚；也不要做礼仪的奴隶，谨小慎微，缩手缩脚。而应严于律己，宽以待人。

会做事，更要会做人。做子女，有孝顺之道；做学生，有尊师之礼；做领导，有管理之法；做员工，有行事之责；做朋友，有交友之规；做恋人，有相爱之情；做夫妻，有和谐之谊；做父母，有教子之方；做游客，有文明之养；做公民，有公德之心。凡为人者，应力行文明之道、习礼仪之风。掌握礼仪这把金钥匙，有助于开启人生的幸福之旅。

目　录

第一章 礼仪概论

学习目标

了解礼仪的含义、特点、类型及特征；
理解礼仪的作用；
深刻认识传承和弘扬优秀礼仪文化的意义。

案例导入

在刀耕火种的原始社会，人们用以防身和狩猎的主要武器就是棍棒和石头。传说当人们在路上遭遇陌生人时，如果双方都无恶意，就放下手中的东西，伸出双手让对方抚摸掌心，以示亲善。这种表示友好的习惯沿袭下来，就成为今天的握手礼。

我国商代有一个祭天仪式叫“鞠祭”：祭品（猪、牛、羊）不切成块，而将整体弯卷成圆的“鞠形”，再摆到祭祀处奉祭，以此来表达祭祀者的恭敬与虔诚。在现实生活中，人们逐渐援引这种形式来表达自己对地位崇高者或长辈的崇敬之情：弯下腰，象征性地表示愿把自己作为“鞠祭”的一个牺牲品而奉献给对方。这就是“鞠躬”的来历。

案例分析：

中国是文明古国，礼仪文化底蕴深厚，如今日的鞠躬之礼就源远流长。回顾历史，让璀璨礼仪追溯文化源头。

学习内容

礼仪是在人际交往中，以约定俗成的程序方式来表现的律己敬人的过程，它在人际交往中具有形象塑造、感情联络、行为调节等功能，能够辅助我们更好地在这日益繁杂的社会活动中潇洒自如，更加完美地展现出我们的价值。礼仪源远流长，包罗万象，从衣食住行到言谈举止，涉及人类生活的方方面面。礼仪内容丰富多彩，从婚丧嫁娶到节日习俗，应有尽有。

第一节 起源与发展

礼仪起源于原始社会时期。在原始社会历史中，人类逐渐开化，出现了早期礼仪的萌芽，经过不断发展，原始礼仪渐具雏形。例如，仰韶文化时期的几个遗址及有关资料表明，当时人们已经注意尊卑有序、男女有别；而长辈坐上席、晚辈坐下席，男子坐左边、女子坐右边等礼仪日趋明确。

在中国奴隶社会，周朝对礼仪制度建树颇多。特别是周武王的兄弟、辅佐周成王的周公，对周代礼制的确立起到了重要作用。他制作礼乐，将人们的行为举止、心理情操等纳入一个尊卑有序的模式之中。

春秋战国时期是我国的奴隶社会向封建社会转型的时期，在此期间，相继涌现出孔子、孟子、荀子等思想巨人，发展和革新了礼仪理论。

孔子（公元前 551—前 479 年）是中国古代大思想家、大教育家，他首开私人讲学之风，打破了贵族垄断教育的局面。他删《诗》《书》，定《礼》《乐》，赞《周易》，修《春秋》，为历史文化的整理和保存做出了重要贡献。他编订的《仪礼》，详细记录了战国以前贵族生活的各种礼节仪式。《仪礼》与《周礼》和孔门后学编的《礼记》，合称“三礼”，是中国古代最早、最重要的礼仪著作。

孔子认为：“不学礼，无以立。”（《论语·季氏篇》）“质胜文则野，文胜质则史。文质彬彬，然后君子。”（《论语·雍也》）他要求人们用道德规范约束自己的行为，要做到“非礼勿视，非礼勿听，非礼勿言，非礼勿动”（《论语·颜渊》）。他倡导的“仁者爱人”，强调人与人之间要有同情心，要互相关心，彼此尊重。总之，孔子较系统地阐述了礼及礼仪的本质与功能，把礼仪理论提高到一个新的高度。

孟子（约公元前 372—前 289 年）是战国时期儒家主要代表人物。在政治思想上，孟子把孔子的“仁学”思想加以发展，提出了“王道”“仁政”的学说和“民贵君轻”说，主张“以德服人”。在道德修养方面，他主张“舍生而取义”（《孟子·告子上》），讲究“修身”和培养“浩然之气”等。

荀子（约公元前 313—前 238 年）是战国末期的大思想家。他主张“隆礼”“重法”，提倡礼法并重。他说：“礼者，贵贱有等，长幼有差，贫富轻重皆有称者也。”（《荀子·富国》）“礼之于正国家也，如权衡之于轻重也，如绳墨之于曲直也。故人无礼不生，事无礼不成，国家无礼不宁。”（《荀子·大略》）荀子还提出，不仅要有礼治，还要有法治。只有尊崇礼，法制完备，国家才能安宁。荀子重视客观环境对人性的影响，倡导学而至善。

西汉初期，叔孙通协助汉高帝刘邦制定了朝礼之仪，突出发展了礼的仪式和礼节。而西汉思想家董仲舒把儒家礼仪具体概括为“三纲五常”。从此，“三纲五常”便成为封建社会约束人们思想、实施国家意志的行动指南。

以主撰《资治通鉴》而名垂青史的北宋史学家司马光的《涑水家仪》，以及以《四书章句集注》名扬天下的南宋理学家朱熹的《朱子家礼》，则对家庭礼仪有重大贡献。

明代时，交友之礼更加完善，而忠、孝、节、义等礼仪日趋繁多。

总之，中国古代礼仪文化源远流长、博大精深，其中包含“天下为公”的理想、济世救民的情怀、忠孝信义的道德、舍生取义的品格、自强不息的意志，以及力行实践的精神等。

新中国成立后，摒弃了昔日束缚人们的“神权天命”“愚忠愚孝”以及严重束缚妇女的“三从四德”等封建礼教，确立了同志式的合作互助关系和男女平等的新型社会关系，而尊老爱幼、讲究信义、以诚待人、先人后己、礼尚往来等中国传统礼仪中的精华，则得到继承和发扬。

尤其是改革开放以来，开展了“五讲”“四美”“18 岁成人仪式教育”等活动；制定市民文明公约、《公民道德建设实施纲要》等条例；提出了以“八荣八耻”为主要内容的社会主义荣辱观，以及倡导富强、民主、文明、和谐、自由、平等、公正、法治、爱国、敬业、诚信、友善的社会主义核心价值观，努力重塑中华“礼仪之邦”，营造中国和谐社会，提升人们的幸福指数。

2014 年 9 月 24 日，中国国家主席习近平在人民大会堂出席纪念孔子诞辰 2565 周年国际学术研讨会暨国际儒学联合会第五届会员大会开幕会并发表重要讲话。他强调，不忘历史才能开辟未来，善于继承才能善于创新。只有坚持从历史走向未来，从延续民族文化血脉中开拓前进，我们才能做好今天的事业。推进人类各种文明交流交融、互学互鉴，是让世界变得更加美丽、各国人民生活得更加美好的必由之路。

2017 年，中共中央办公厅、国务院办公厅印发《关于实施中华优秀传统文化传承发展工程的意见》，加强国民礼仪教育。加大对国家重要礼仪的普及教育与宣传力度，在国家重大节庆活动中体现仪式感、庄重感、荣誉感，彰显中华传统礼仪文化的时代价值，树立文明古国、礼仪之邦的良好形象。研究提出承接传统习俗、符合现代文明要求的社会礼仪、服装服饰、文明用语规范，建立健全各类公共场所和网络公共空间的礼仪、礼节、礼貌规范，推动形成良好的言行举止和礼让宽容的社会风尚。

2019 年中共中央、国务院印发《新时代公民道德建设实施纲要》，指出：要充分发挥礼仪礼节的教化作用。礼仪礼节是道德素养的体现，也是道德实践的载体。要制定国家礼仪规程，完善党和国家功勋荣誉表彰制度，规范开展升国旗、奏唱国歌、入党入团入队等仪式，强化仪式感、参与感、现代感，增强人们对党和国家、对组织集体的认同感和归属感。充分利用重要传统节日、重大节庆和纪念日，组织开展群众性主题实践活动，丰富道德体验、增进道德情感。研究制定继承中华优秀传统、适应现代文明要求的社会礼仪、服装服饰、文明用语规范，引导人们重礼节、讲礼貌。

习近平强调，中国优秀传统思想文化体现着中华民族世世代代在生产生活中形成和传承的世界观、人生观、价值观、审美观等，其中最核心的内容已经成为中华民族最基本的文化基因，是中华民族和中国人民在修齐治平、尊时守位、知常达变、开物成务、建功立业过程中逐渐形成的有别于其他民族的独特标识。中国人民的理想和奋斗，中国人民的价值观和精神世界，是始终深深植根于中华优秀传统文化沃土之中的，同时又是随着历史和时代前进而不断与日俱新、与时俱进的。

第二节 原则与功能

礼仪的核心是尊重，即自尊和敬人；特点是为他人着想，正所谓“己所不欲，勿施于人”；目的是和谐，即构建和谐校园、和谐社区、和谐社会。

一、礼仪的概念与特征

（一）礼仪的概念

礼仪是人类文明的产物，是人们进行社会交往的行为规范与准则，具体表现为礼貌、礼节、仪表、仪式等。

礼貌是指人们在交往过程中表示敬重、友好的行为规范，如尊老爱幼、热情待客等。

礼节是指人们在交际活动中待人接物的形式，如拜会、回访、挥手致意等。

仪表是指人的外表，如容貌、服饰、表情、姿态等。

仪式是指在一定场合举行的具有专门程序的活动，如毕业典礼、迎送仪式等。

（二）礼仪的特征

礼仪具有以下三个主要特征：

1. 共同性

礼仪的产生往往与民族的生活环境、文化背景和历史传统有密切的关系。因此，世界上不同民族的礼仪有所不同。尽管如此，尊老爱幼、礼貌待客、礼尚往来、遵时守约等符合大多数人价值取向的基本礼仪，却是全人类、各民族所共同遵循的准则。这就是礼仪的共同性。

2. 继承性

礼仪是一种文化现象，在人类社会交往中逐渐确立或约定俗成。礼仪一旦形成，通常会长期沿袭，经久不衰。特别是诸如尊老敬贤、父慈子孝、礼尚往来等一些反映民族传统美德的礼仪，一代接一代流传至今，并被子孙后代所继承，不断发扬光大。

3. 发展性

礼仪是逐渐形成的，并随着时代的发展而变化。任何时代的礼仪，都体现着时代的要求。如从封建时代的“三从四德”到社会主义时代的男女平等，礼仪随着社会的进步而更新，以符合时代的要求。

二、礼仪的原则

礼仪的核心是“尊重”。礼仪主要起规范作用，规范则有标准和尺度；而礼仪水平的高低，则反映出个体或群体的修养和境界。礼仪可大致概括为以下四条原则：

（一）尊重原则

《礼记·曲礼》开宗明义第一句就是“毋不敬”，点出了礼仪的核心。尊敬包含自尊和尊敬他人，以尊敬他人为主。自尊就是要保持自己的人格和尊严，要自强不息，注意修养，才能赢得他人的尊重；而尊敬他人就是要以礼待人，尊重他人的人格。一般说来，尊重上级是一种礼貌，尊重同事是一种本分，尊重下级是一种美德，尊重客户是一种常识，尊重对手是一种风度，尊重所有人是一种教养。在与人交往时，要使用礼貌语言，遵循行为规范。在社会交往中，只有人与人之间彼此尊重，才能保持和谐、愉快的关系。

（二）遵守原则

礼仪作为社会生活的准则，反映了人们的共同利益，社会上各民族、各党派、各阶层人士都应当共同维护、自觉遵守。每个人都应该尊老爱幼，遵时守约，遵守公共秩序……谁违背了礼仪规范，谁就会受到公众的批评和谴责。

（三）适度原则

礼仪是人类智慧的结晶。礼仪作为人际交往的规范，有一定的标准和分寸。犹如楚国文学家宋玉在《登徒子好色赋》中描写的美女，“增之一分则太长，减之一分则太短；著粉则太白，施朱则太赤”。应用礼仪也是如此，要把握分寸，适可而止。例如与人交往时，要彬彬有礼，但不能低三下四，应做到不卑不亢，落落大方。

（四）自律原则

礼仪宛如一面镜子。对照礼仪这面“镜子”，可以发现自己的形象是英俊、美丽，还是丑陋或俗气。因此，要知礼、守礼，自我约束，在社会生活中时时处处自觉遵守礼仪规范，努力树立良好形象，做一个受大家欢迎的人。

践行礼仪，处理好自己与他人、社会、自然的关系，即律己、敬人、融事、敬自然。

智商做事，情商做人。礼仪是一种规范，但要学会变通，既不做礼仪的警察，也不做礼仪的奴隶。

三、礼仪的种类及功能

（一）礼仪的种类

现代礼仪大致可分为以下几种：

按性质，礼仪可细分为个人礼仪、家庭礼仪、社交礼仪、公务礼仪、公关礼仪、商务礼仪、外事礼仪、旅游礼仪、求职礼仪、宗教礼仪等。

按场合，礼仪可分为家庭礼仪、学校礼仪、办公室礼仪、公共场所礼仪、客房服务礼仪等。

按身份，礼仪可具体分为教师礼仪、学生礼仪、公务员礼仪、营业员礼仪、主持人礼仪等。

按表现形式，礼仪可分为交谈礼仪、待客礼仪、书信礼仪、馈赠礼仪、电话礼仪、交换名片礼仪等。

（二）礼仪的功能

礼仪是人类文明的结晶，内容十分丰富。不仅如此，礼仪还具有多种功能。

1. 礼仪的教育功能

礼仪是人类社会进步的产物，是传统文化重要的组成部分。礼仪蕴含着丰富的文化内涵，体现着社会的要求与时代的精神。学习礼仪，可以潜移默化熏陶人们的心灵，使人们成为通情达理的模范公民。

2. 礼仪的美化功能

礼仪是人类生活经验的总结。礼仪讲究和谐，重视内在美和外在美的一致。礼仪使美好的心灵与美丽的仪表、优美的举止形成一个有机的整体，使人们注意塑造良好的形象，充分展现各自的风采。

3. 礼仪的协调功能

礼仪是人们在生活和社会交往活动中逐渐形成的行为规范与准则，指导人们立身处世、立身社会。礼仪协调人与人之间的关系和人与社会的关系，使人们友好相处，社会井然有序。

4. 礼仪的沟通功能

礼仪是人们交际生活中的礼节和仪式。热情的问候、友善的目光、亲切的微笑、文雅的谈吐、得体的举止等，是人们沟通与交流的前提，有利于扩大社会交往，促进事业成功。

5. 礼仪的维护功能

礼仪是营造温馨的灵丹、伸缩有度的准绳、和睦相处的法则、人际交往的规范。人们知礼、守礼、讲文明、守纪律，有助于保持家庭的和睦，有利于促进社区的和谐，有利于加强行业的交流，有益于维护社会的稳定。

第三节　学习方法

礼仪教学的方法很多，可因人、因时、因地自行掌握。这里介绍礼仪教学的三种基本方法，供参考。

一、注意礼仪教学的系统性

礼仪既是人类文化的结晶，也是社会文明的标志，其内容十分丰富。在学习时，应注意礼仪知识的系统性和完整性。学习礼仪概论，了解古今中外礼仪的演变，熟悉礼仪的特征与原则；学习个人礼仪，明白言为心声、行为心表，自觉提高思想修养和文化素质；学习家庭礼仪，充分意识到自己的责任和义务，尊老爱幼，与亲人一起共同营造温馨的家庭氛围；学习学校礼仪，应通晓基本礼貌，尊师爱校；学习公共场所礼仪，进一步了解公共场所行为规范，自觉参与净化社会环境；学习求职礼仪，全面了解求职的技巧和面试礼仪，促进事业成功；学习职场礼仪，在走向工作岗位后明确自己的位置，正确处理上下级关系和同事关系，顺利走向成功；学习社交礼仪，掌握人际交往的常识，以便结交良朋益友；学习公共礼仪，提高协调能力，提高沟通水平；学习涉外礼仪，了解国际交往的规范，更好地与外国友人打交道；学习宗教礼仪，理解宗教文化背景，礼待教徒；学习外国习俗与礼仪，认识丰富多彩的大千世界，为构建和谐世界做贡献。总之，学习礼仪应循序渐进，不断开阔视野，这样才能获益良多。

二、讲究礼仪教学的直观性

社交礼仪是社会交往的行为规范，具有重要的指导作用。进行礼仪教学时，教师应为人师表，率先垂范。老师在绘声绘色讲解礼仪知识的同时，可以适当做些示范动作；学生则应当尽可能跟随老师，当堂大胆演练，让老师现场点评并指导矫正。多利用多媒体等教学手段，利用网络资源，观看图片资料和影像资料，以加深理解和印象。

三、重视礼仪教学的实践性

学习礼仪贵在实践，力求学以致用。无论是课堂学习还是社会学习，应多多实践。例如，学习握手、介绍、交换名片礼仪，可主动上台表演握手、介绍、交换名片等；学习电话礼仪，可表演打电话小品；学习求职礼仪，可模拟求职；学习外事礼仪，应尽可能观摩外事活动；学习商务礼仪，可到宾馆、饭店参观实习；学习中国礼俗，可分小组收集某个少数民族的风俗习惯资料，并进行课堂交流。此外，还可以开展校园礼仪情形调查和礼仪知识竞赛等活动。

本章要点

本章简要介绍了我国礼仪文化的起源和发展、原则和功能，明确了礼仪的内涵，提出了学习礼仪的方法。无论古今，礼仪是衡量一个人道德文化修养的准绳，是国家精神文明的象征，也是社会风气进步的标志。作为现代人，我们应牢记礼仪的核心是尊重，特点是为他人着想，目的是和谐。

思考训练

一、问答题

1. 礼仪是怎样形成的？
2. 礼仪有哪些功能？

二、阅读思考题

1. 阅读下面的故事，我们在赞叹老臣郭隗的智谋的同时，还可得到哪些启示？

诚信知礼——燕昭王求贤

打从孟尝君被撤了相位以后，齐闵王又和楚、魏两国灭了宋国，更加骄横起来。他一心想兼并列国，自己来当天子。这一来，列国诸侯对他都不满意，特别是齐国北面的燕国，受到齐国的欺负，更想找机会报仇。燕国本来也是个大国，后来传到燕王哙（音 kuài）手里，听信了坏人的主意，竟学起传说中尧舜让位的办法来，把王位让给了相国子之。燕国将军和太子平进攻子之，燕国发生大乱。齐国借平定燕国内乱的名义，打进燕国，燕国差点被灭掉。后来燕国军民把太子平立为国君，奋起反抗，把齐国军队赶了出去。

太子平即位后（燕昭王），立志使燕国强大起来，下决心物色治国的人才，可是没找到合适的人。有人提醒他，老臣郭隗（音 wěi）挺有见识，不如去找他商量一下。

燕昭王亲自登门拜访郭隗，对郭隗说："齐国趁我们国家内乱侵略我们，这个耻辱我是忘不了的。但是现在燕国国力弱小，还不能报这个仇。要是有个贤人来帮助我报仇雪耻，我宁愿伺候他。您能不能推荐这样的人才呢？”

郭隗摸了摸自己的胡子，沉思了一下说：“要推荐现成的人才，我也说不上，请允许我先说个故事吧。”接着，他就说了个故事：

> 古时候，有个国君，最爱千里马。他派人到处寻找，找了三年都没找到。有个侍臣打听到远处某个地方有一匹名贵的千里马，就跟国君说，只要给他一千两金子，准能把千里马买回来。那个国君挺高兴，就派侍臣带了一千两金子去买。没料到侍臣到了那里，千里马已经害病死了。侍臣想，空着双手回去不好交代，就把带去的金子拿出一半，把马骨买了回来。
>
> 侍臣把马骨献给国君，国君大发雷霆地说：“我要你买的是活马，谁叫你花了钱把没用的马骨买回来？”侍臣不慌不忙地说：“人家听说你肯花钱买死马，还怕没有人把活马送上来？”
>
> 国君将信将疑，也不再责备侍臣。这个消息一传开，大家都认为那位国君真爱惜千里马。不出一年，果然从四面八方送来了好几匹千里马。

郭隗讲完这个故事后对燕昭王说：“大王一定要征求贤才，就不妨把我当马骨来试一试吧。”燕昭王听了大受启发，回去以后，马上派人造了一座很精致的房子给郭隗住，还拜郭隗做老师。各国有才干的人听说燕昭王这样真心实意招请人才，纷纷赶到燕国来求见。其中最出名的是赵国人乐毅。燕昭王拜乐毅为亚卿，请他整顿国务。

2. 俗话说“远亲不如近邻”，乡邻之间应如何相处？同桌、同室之间应如何相处？“六尺巷”的故事，给了你什么样的启示？

六尺巷

清朝康熙年间，桐城人张英官至文华殿大学士兼礼部尚书，邻居是桐城另一大户叶府，两家因院墙发生了纠纷。张老夫人修书给张英，张英见信深感忧虑，回复老夫人：“一纸书来只为墙，让人三尺又何妨？长城万里今犹在，不见当年秦始皇。”于是，张老夫人令家丁后退三尺筑墙。叶府很受感动，命家人也把院墙后移三尺。从此，张、叶两府消除隔阂，成了通家之谊。

三、案例分析题

《林肯传》中有这样一件事：一天，林肯总统与一位南方的绅士乘坐马车外出，途遇一老年黑人深深地向他鞠躬。林肯点头微笑并也摘帽还礼。同行的绅士问道：“为什么你要向黑人摘帽？”林肯回答说：“因为我不愿意在礼貌上不如任何人。”可见林肯深受美国人民的热爱是有其原因的。

讨论：林肯向老年黑人脱帽致礼说明了什么？礼仪的核心是什么？如何得以体现？

四、思考训练题

1. 阅读下面的材料，理解礼仪的本质，并以小组为单位，每人进行一分钟的演讲。

让谦逊礼让纯净你的人生

有位老人，是全国闻名的大作家，他临终前，突然感到十分难受，呼吸急促，身边的秘书就说："我去叫大夫。"

不料，就在秘书正欲开门的时候，却听到老人极艰难地说了一句："不是'叫'，是'请'……"说着老人就昏迷过去，而且再也没有醒来……

大夫与护士听到这一切，个个潸然泪下。

一个"请"字，一个人世间最温暖、最明亮的字眼，就这样从一个德高望重的老人口中，极艰难却又极自然地说了出来。这就是谦恭美好的心灵！

老人再也没有说什么，这句话就是他的遗言。这遗言纯净无比，厚重无比，在某种意义上甚至超过了老人写过的电影剧本和文章。因为谁也不会怀疑，这句最能体现老人心灵的话，是老人用生命诠释的。这位老人就是我国著名的剧作家夏衍。

夏衍老人一生高风亮节，谦恭为人，即使是临终之际，也用自身的谦恭给后人上了一堂好课。

下面是一则评论：

谦恭是一种深刻的教养，它扎根于心灵，它无花而自芳

一个"请"字和一个"叫"字，折射出的是两个人不同的待人观。"请"折射出的是一种谦恭，一种人对人的尊重，或者人对科学、对知识的尊重。待人观，实际上也是世界观。

一个"请"字和一个"叫"字，折射出的是两个人不同的文化教养。谦恭，是一种深刻的教养，尊重也是一种教养。只有有教养的人，才能说出如此使人感动的话。教养，既来自人的世界观，也来自人的文化素质。

一个"请"字和一个"叫"字，折射出的是两个人不同的心灵。"请"不仅是一种语言的美，更是一种心灵的美。

一个"请"字和一个"叫"字，从听觉上讲，一个使人舒服，一个使人刺耳；从心灵上讲，一个使人欣慰，一个使人烦恼。

"谦恭礼让"是源远流长的中华民族传统美德，更是对他人、对自己发自内心的尊重。它在人际交往中表现为：态度谦虚，尊重别人，对人礼貌，懂得谦让。学礼仪首先要学习谦恭，现代大学生要争做有教养、知礼让、讲礼仪的文明人。

2. 下文是由李荣建、周静起草，在 2016 年 10 月湖北省礼仪学会"中国礼仪论坛·珞珈峰会"上通过，由与会者签名的礼仪宣言。读后有何启示？如果认同，请背诵并践行。

礼仪宣言

泱泱华夏，礼仪之邦，隆礼尚仪，源远流长；
汉风唐韵，曲水流觞，民族复兴，你我担当；
衣冠整洁，神清气爽，谈吐文雅，口齿芬芳；
言行有度，相得益彰，举止得体，落落大方；
严于律己，尊敬师长，和睦邻里，善偕同行；
礼尚往来，友谊绵长，赠人玫瑰，手留余香；
彬彬有礼，日修月长，内外兼修，美我形象；
礼仪使者，奉献分享，中华文明，万世弘扬！

第二章 个人礼仪

学习目标

了解个人形象与礼仪的关系；
掌握仪容、仪表、仪态的基本要求；
塑造良好的个人形象；
传递真善美，创造美好生活。

案例导入

良好形象是个人事业成功的助推剂

海兵是某银行年轻的销售精英，让我们来看看他形象定位前后的对比照片（见图 2-1）。

图 2-1　个人形象定位前后对比

在专业形象定位后，可谓让他重新认识了自己一回，真切体会到了形象改变带给自己的信心与勇气（见图 2-2）。

休闲场合

职业场合

图 2-2　不同场合个人形象对比

海兵就这样笃定地一步步按计划去追逐梦想！他的未来会如今天的变装秀般实现自己想要的人生！

案例分析：

人在自己的故乡所受的待遇视风度而定，在别的地方则视服饰而定。即是说，一个人所得的评价在故乡并不受衣着的影响，因为人们了解他的言行。但一个人如果初到外地，人们要评价他，就会看他的外貌特征、衣饰装束和言谈举止了。

形象定位的核心是和谐，即企业家所确定的形象要与自己所扮演的角色、所处的环境相一致，要与企业形象相匹配，与自己的精神、气质相吻合。良好的形象是事业成功的一个重要因素。因此，你在穿衣打扮时，要充分考虑到自己的职业需要，选择与自己相符的衣装。这样才能提高你在他人心目中的地位，为自己加分。

如果一个人十分注重自己的良好形象，并选择形象设计改变自己，且认为这是事业成功的重要条件，你的人生就已经开始变得与众不同！

学习内容

中国有“文质彬彬，然后君子”的古训，仪容、仪表是个人涵养的外在表现。莎士比亚说：一个人的外表就是他教养、品位、地位的最真实写照。清新的容颜、整洁的衣冠，给人以舒服的感觉。良好的第一印象往往是至关重要的，在与人交际的过程中，这是一张没有文字却形象生动的名片。

2009年，某位国家总统首次访华，在上海科技馆与数百名中国学生对话。其中有一位黑衣女生特别引人瞩目，她究竟有何与众不同之处呢？盘起的发髻端庄高贵，黑色圆弧形领子的上衣别致典雅，气定神闲的表情沉稳自信，尤其是最后总统与听众握手的时候，这个女生走上前去，面带微笑，身体略倾，大方伸出双手，目光直接与总统对视。其仪态优雅而又不卑不亢。

形象可以反映出一个人的修养、心态、知识等，是个人与社会沟通并让社会接受的自然途径，人们总是通过仪容、仪表、仪态树立其公众形象。仪容、仪表虽是个人行为，但良好的仪容、仪表不仅是自爱自尊，也是对别人的尊重。

第一节 仪容

形象包括很多因素。概括起来有六点，即仪容、仪表、仪态、手势、谈吐和交际。

仪容包括面容和发型，仪表包括服装和配饰，仪态包括身体姿态和面部表情，手势即举手投足，谈吐即语言，交际是指与人们交往所表现出来的个人素养。

仪容，即一个人的容貌。最基本要求是：面部清爽，头发整洁。

面部清爽。男性应每日剃须修面，忌鼻毛、耳毛外露；女性应面容清新，浓淡适宜，区分场合，有所变化。无论男女，都应保持口腔清洁，无异味。

发型得体。头发干净，无头皮屑，发色自然，发型合适。男性头发前不盖眉，侧不掩耳，后不及领。一般场合不必用发蜡、定型水，尽量给人自然、清爽的形象。女性应根据年龄、职业、场合的不同，将头发梳理得当。

表情自然。目光温顺平和，嘴角略显笑意。

手部清洁。定期修剪指甲并保持手部洁净。女性在正式场合不宜涂抹浓艳的指甲油。

女士参加社交活动一般应化妆，这是对自己和他人的尊重。如何化妆才能让我们容光焕发呢？

化妆一般规则有：自然淡雅；会扬长更要避短；不宜经常变换妆容；化妆要避人；不批评他人的化妆；不借用他人化妆品。

第二节　仪表

广义的仪表是指人的整体形象，这里所讲的仪表仅指服饰，即服装和配饰。

服饰反映了一个人文化素质之高低、审美情趣之雅俗。具体说来，它既要自然得体、协调大方，又要遵守某种约定俗成的规范或原则。服装不但要与自己的具体条件相适应，还必须注意客观环境、场合对人的着装要求，即着装打扮要与之协调一致。虽然说“穿衣戴帽各有所好”“萝卜白菜各有所爱”，但参加社交活动，应考虑自己的形象和别人的感受。

如何着装才能既增添自己的魅力，又体现对他人的尊重呢？这既要讲究服饰艺术，更要讲究服饰礼仪。

一、服饰艺术

服饰既是一门艺术，也是一种身份的象征。所以，应尽可能做到着装与自身相适应。首先来了解一下服装的特点。

大众最为熟知的职业装，应用范围非常广。包括：商业领域；执法行政与安全领域；公用事业与非营利性单位。强调穿着规范、整洁、美观、统一。

对于职业制服，首先应强调的是标志性与统一性，其次是功能性。职业制服既能带给公众和谐的美感，还能体现企业、机构、组织的权威性，如国家政府机构人员的制服，以及工商税务、政法部门、军警人员的制服等。

职业时装主要是指所谓“白领”和部分政府部门人员的着装，一般在服装质地与制作工艺、穿着对象与搭配上有较高要求，表现为造型简约流畅、修身大方。

工装或工作服运用的范围非常广泛，其重点应考虑功能性、安全性，辅以实用性和标志性。

防护服特别强调其防护作用。除服装外，还包括鞋靴、帽盔及各种功能设备等，比如“医用手套”严格讲就属于防护服一类。

现代服饰除职业装外，更为丰富多彩的休闲装越来越受国人欢迎，因为它能全面满足人们的个性需求。

无论是职业装还是休闲装，无论是流行服装还是中式服装，只要处于公共场合，着装就应讲究服饰艺术，考虑自身条件，服装上下搭配、饰品的佩戴应做到整洁、合体、大方、协调。短、露、透、紧不可取。

着装与自身条件相符合，首先要了解自己，包括身份、肤色、体形、年龄、爱好等。

身份：如着制服应严谨规范，着便装则大方合体。

肤色：亚洲人外貌特点是黑眼睛、黑头发、黄皮肤。一般而言，皮肤有偏红、偏黄、偏白、偏黑，深蓝和藏青应是黄皮肤最合适的颜色。

体形：人体有 A 形、H 形、X 形、V 形等多种体形，还有高、矮、胖、瘦之别，着装应扬长避短，以达到匀称舒展的效果。

年龄：塑造典雅而不幼稚、成熟但不老成的风格，忌与自己年龄反差太大。

爱好：虽然爱好各不相同，但应尽可能展示出高雅的气质。

着装应基本做到以下几点：

整洁合体。保持干净整洁，熨烫平整，穿着合体，纽扣齐全。

搭配协调。款式、色彩、佩饰相互协调。不同款式、风格的服装，不应搭配在一起。

体现个性。与个人性格、职业、身份、体形和肤色等相适应。

二、服饰礼仪

除了了解自己，确定符合自己的穿着打扮外，还要了解参加活动的时间、场合和目的，应做到与环境场合相适应，即遵循礼仪着装的“TPO”原则——T、P、O分别是英语中Time（时间）、Place（场合）、Occasion（目的，也有Object一说）三个单词的首字母缩写。

从时间上讲，一年有春、夏、秋、冬四季交替，一天有24小时变化，显而易见，在不同的时间里，着装的类别、式样、造型应因此而有所变化。夏天凉爽、冬季保暖，白天修身、晚上宽舒。

从场合上讲，置身在室内或室外，驻足于闹市或乡村，停留在国内或国外，身处于单位或家中，应有所变化。

从目的上讲，人们的着装往往体现其一定的意愿。自尊，还是敬人；亲和，还是权威；颓废，还是阳光；时尚，还是嚣张……从你的着装可以得到体现。

主要的场合有：办公室、会议室、聚会、运动及其他场合。主要的活动有：公务活动、商务活动、服务活动及休闲活动等。按照男装和女装，分别从不同的场合和活动阐述。

（一）场合服饰具体要求

在隆重的公务场合，适宜穿着正统、庄重的服装，而不适合穿便服。

在正规的社交场合，适宜穿着时尚、典雅和别致的衣服。

在轻松的休闲场合，适宜穿着舒适、随意、自由的便装。

在温馨的家居场合，适宜穿着比较随意的、个性化的休闲服。

在欢乐的喜庆场合，适宜穿着色彩热烈、明快的衣服。出席婚礼时，穿着不宜过于出众、耀眼，打扮也不宜过于怪异。

在悲哀、肃穆的场合，只适宜穿着以黑色或其他深色、素色为主的服装，不宜穿红着绿，也不宜穿有花边、刺绣或飘带之类装饰物的服装。

在公众场合，记住千万不要穿着只适合在居室穿着的便服、休闲装。

（二）男装和女装具体说明

1. 男装

男士正装包括中山装、唐装、西装等。

男士着正装有以下几个方面的要求：

一是三一原则。鞋子、腰带、公文包要同质同色。

二是有领原则。正装必须是有领的，无领的服装，比如T恤、运动衫一类不能成为正装。男士正装中的领通常体现为有领衬衫。

三是纽扣原则。在绝大部分情况下，正装应当是纽扣式的服装，拉链服装通常不能成为正装。

四是皮带原则。男士的长裤必须是系皮带的，运动裤不能成为正装，牛仔裤自然也不能。

五是皮鞋原则。正装离不开皮鞋，运动鞋、布鞋、拖鞋是不能搭配正装的。最为经典的正装皮鞋是系带式的。唐装是个例外，可着布鞋。

（1）中山装。中山装在保留军服某些式样的基础上，吸取了中式服装和西装的优点，其上衣的左右上下各有一个带盖子和扣子的口袋，下身是西裤，穿着简便、舒适、挺括，显得精练、大方。由于孙中山先生的提倡以及他的名望，这种便装式样很快流传，经过不断修改，发展成为中山装，并成为中国男子普遍穿用的服装。

20 世纪 80 年代以后，随着改革开放的深入，西装和其他时装逐渐开始流行。虽然中山装在普通民众中不太常见，但值得一提的是，中国国家领导人在出席国内重大活动时，依旧习惯穿着中山装。

（2）唐装。今天所指唐装，并非唐朝服装，而是指以清朝中期的满族马褂改良而来的服饰，它汲取了中山装的特征：立领、对襟、盘扣。

2001 年，在上海 APEC 会议上，中国作为东道主请前来参会的领导人穿唐装，并由之而掀起祥和、喜庆的唐装新潮，这不仅是传统与现代的融合，而且是流行规律的必然，更是中国在国际大家庭中地位与风度的体现。

（3）西装。时代发展到今天，人们对服装有了更多的选择。于男士而言，拥有一套经典的西装几乎可以出席任何社交活动（见图 2-3）。

图 2-3 李荣建教授

在重要会议和会谈等庄重的仪式以及正式宴请等场合，男士一般以西装为正装。

在一般情况下，毛料应为西装首选面料，西装的色彩应显得庄重、正统，首推藏蓝色。一套完整的西装包括上衣、西裤、衬衫、领带、腰带、袜子和皮鞋。

西装的穿着要求：西服套装上下装颜色应一致。在搭配上，西装、衬衣、领带中应有两样为素色。配西装的衬衣颜色应与西服颜色协调，不宜为同色。白色衬衣配各种颜色的西服效果都不错。正式场合男士不宜穿色彩鲜艳的格子或花色衬衣。衬衣袖口应长出西服袖口 1～2 厘米。穿西服在正式庄重场合必须打领带，其他场合不一定都要打领带。打领带时衬衣领口扣子必须扣好，不打领带时衬衣领口扣子应解开。

西装纽扣系法有讲究：一般而言，单排扣西装，中间扣子必须扣上，上面扣子可扣可不扣，下面扣子一定不能扣。坐下时全部解开。

西装“二不多”：一是西装的上衣口袋和裤子口袋里不宜放太多的东西；二是穿西装时里边不要穿太多衣服。

西装的鞋袜：一般黑色、光面、系鞋带、带跟的皮鞋最为正式；根据场合可略微随意。应避免穿露脚趾和脚跟的凉鞋。西装应配较长的深色毛裤或棉袜，不能穿白色的袜子。因为男士架腿易露出袜子或小腿上的汗毛。

(4) 休闲西装。比西装套装在穿着和搭配上要随意一些。款式宽松，颜色更自由，不打领带或可不按要求打领带，衬衣第一颗扣子不扣，外套扣子不扣。

(5) 夹克衫。夹克衫的特点是：衣长较短，宽胸围、紧袖口、紧下摆式样的上衣。夹克衫穿着舒适、合体、自然、大方，还具有随便之感。它既可作为人们日常生活穿用的服装，也可作为旅游、社交活动穿用的服饰。因为夹克衫没有扣子，只有拉链，上衣简短，腿部显得修长，所以穿起来更显年轻、精神、潇洒。除一般正式场合外，其他场合均可穿着。与之搭配的裤装有休闲裤、牛仔裤，鞋子有旅游鞋、休闲鞋、板鞋等。

(6) 开衫：男士针织开衫外套有几分儒雅，几分随意。身材较好的男士在较休闲的场合可着此装。

(7) T 恤衫、运动装：像牛仔裤一样，一件得体的 T 恤也是男士衣橱中不可缺少的必备单品。这是两款更为休闲的服装，可在相对轻松的场合自由搭配穿着，既舒适优雅又不失时尚。

2. 女装

“云想衣裳花想容”，相对于偏稳重单调的男士着装，女士们的着装则亮丽丰富得多。得体的穿着，不仅可以显得更加美丽，还可以体现出现代文明女性良好的修养和独到的品位。

女装同样有正装和休闲装之分，休闲女装五彩缤纷，穿着也随性、随意，此处不加赘述。重点说说女士正装。

在重要会议和会谈、庄重的仪式以及正式宴请等场合，女士着装应端庄得体。女性上班适宜选择流行且大方的服装，而不宜穿着过于时髦的服装。

女士正装一般包括职业套装、旗袍或民族服装。

(1) 职业套装。款式简洁、颜色淡雅、质地挺括，一般为西装套裙。

上衣：上衣讲究平整挺括，较少使用饰物和花边进行点缀，纽扣应全部系上。

衬衫：以单色为最佳之选。穿着衬衫还应注意以下事项：衬衫的下摆应掖入裙腰之内而不是悬垂于外，也不要在腰间打结；衬衫的纽扣除最上面一粒可以不系上，其他纽扣均应系好；穿着西装套裙时不要脱下上衣而直接外穿衬衫。衬衫里的内衣不可显露出来。

裙子：以窄裙为主，裙子下摆在膝盖上下 5 厘米，裙子里面应穿着衬裙。真皮或仿皮的西装套裙不宜在正式场合穿着。

李荣建、周静在全国总工会做培训

鞋袜：鞋子应为高跟鞋或中跟鞋。袜子应为高筒袜或连裤袜，颜色为肤色。鞋袜款式应以简单为主，颜色应与西装套裙相搭配。

（2）旗袍。旗袍是我国妇女的传统服装，它线条明朗，贴身合体，充分展现了女性的曲线美。现代旗袍更是女士们最为理想的礼服。

周静副教授（摄影　李晶晶）

选择旗袍，要从年龄、体形、季节等多方面考虑：或庄重文静、典雅大方，或富丽高雅、雍容华贵，或绚丽优美、活泼俊俏。

高贵的旗袍最好颜色单一，可刺绣点缀，面料以典雅华丽、柔滑挺括的织锦缎、古香缎和金丝缎为佳。

最佳的旗袍长度是达到穿着者的脚背，而开衩的高度，一般应在膝盖以上、大腿中部以下。

穿旗袍适宜配穿高跟鞋，亦可配穿面料高级、制作考究的布鞋。旗袍的穿着与各种佩饰十分讲究，搭配要和谐。

不同的活动类型，亦有不同的着装特点。

公务活动注重端庄。服饰特点为：款式简单合体，一般为职业套装；面料挺括有型；颜色淡雅、花色单一；裙子不宜过短，必须着丝袜，且为肤色；皮鞋款式简洁；可装饰简约的胸针、丝巾。

正规的聚会、访问、外交活动注重华丽，应着礼服及豪华配饰。

正式会议和宴会注重正统。款式以西装、西装套裙、旗袍裙、连衣裙为主；颜色以大方、高雅为宜，不必过于艳丽和华贵。

穿西服套裤（裙）或旗袍时，无领、无袖，或者是领口开得太低、太紧身的衣服应该尽量避免。聚会和舞会注重正式。一般服装式样要明快、华丽，不像工作装那样严肃、庄重，颜色可艳丽、活泼。舞会装以裙装为主，裙子可以是连衣裙，也可是套裙长裙，裙摆要大，裙子不能过短，也不能是拖地长裙，以超过膝盖 10～15 厘米为宜。与舞会装配套一定要穿皮鞋，鞋跟可高可平。

合适的配饰可谓画龙点睛。

首先，一般场合配饰不宜过多、过大、过贵；其次，所有的饰品尽量同质、同色、同风格。

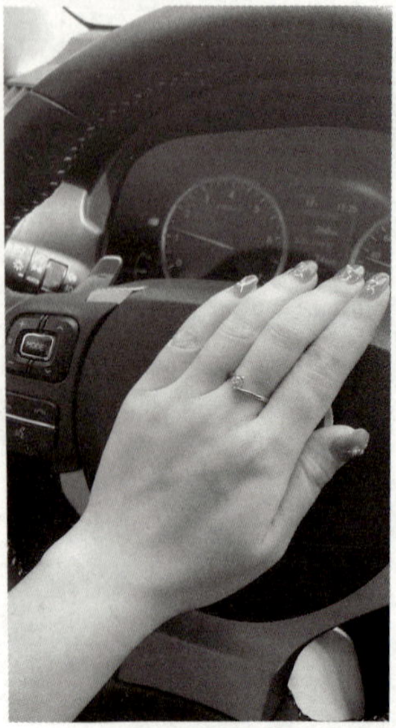

配饰有：墨镜、发卡、发箍、发圈、头饰、眼镜、耳环、项链、手镯、手链、手表、戒指、丝巾、胸花、胸针、包等物品。

戒指戴在不同手指上的含义：

食指——未婚、求爱；

中指——热恋；

无名指——订婚或已婚；

小拇指——独身主义；

大拇指——权势或自信。

另外，戒指一般戴在左手。

无论是帽子、丝巾，还是耳环、项链，其形状、大小、质地都应与自己的脸型、身材、身份及场合相吻合，否则会适得其反。

耳环：讲究成对使用，且不宜在一只耳朵上同时戴多只耳环。

手镯：可以只戴一只，也可以同时戴上两只。但不宜在一只手上戴多只手镯。

手链：在通常情况下，应戴在左手上；手链与手镯一般不同时佩戴；男士戴项链一般不宜外露。

胸针：适宜别在西装左侧领上。穿无领上衣时，则宜别在左侧胸前。

丝巾：色彩斑斓的丝巾以其柔美、飘逸的风姿越来越受到女性朋友的青睐。无论春夏秋冬，拥有几条不同风格的丝巾可以让你的形象大变，心情大好，魅力大增。

丝巾的佩戴技巧是：服装本身不可臃肿繁复；服装的颜色相对单一；丝巾与服装形成对比或呼应。

帽子：其主要功能是保暖，但现在更多突出的是其装饰性。对长者表示敬意时或在看演出时，有礼貌的做法是把帽子暂时摘下来。

墨镜：遮阳和时尚兼具的饰品。进入室内或在室外遇有隆重仪式或迎送场合，或在与人握手、说话时，有礼貌的做法是摘下墨镜。

包：出门必不可少的物件就是包。虽说包的主要功能是实用，但同时兼具美化形象的作用。包的使用应注意：根据身高、服饰和目的搭配手包；只带一个手提包；尽量将化妆品、手机、零碎的小东西收拾得有条有理。女士的皮包不论提着、挎着、握着，都要给人端庄、大方的感觉；而男士的公文包以深色为宜，不宜塞得鼓鼓囊囊。

服饰的搭配艺术——三三原则：

三一原则：男士的鞋子、腰带和公文包要一样材质、一样颜色；

三色原则：着装和配饰的主色应不超过三种颜色；

三件原则：一般来说配饰不得多于三件。

一般情况下的着装和配饰，应注意以下几点：

不落伍也不一味追求时尚，适合自己的才是最好的，有个性但不夸张，简洁胜过繁复。

佛靠金装，人靠衣装，三分人才七分打扮。无论何种款式，只有符合自己的特点，符合环境要求，才能让服装为你添彩，让你成为社交达人！

第三节　仪态

一个人往众人面前一站，他的音容笑貌，他的举止，他的表情，就已经向别人做了自我介绍。形象既是最好也是最生动的名片。如何塑造我们的仪态美呢？

仪态：主要包括站姿、坐姿、走姿、蹲姿、鞠躬等身体姿态。

（1）站姿。古话说，“站如松”，即像松树一样的正直、挺拔、自然。正面身体呈对称状态，后脑勺、背部、臀尖、小腿肚、脚后跟在一个平面。

站姿分正站和休闲站姿，男女正站基本相同。

正站身体要求：头正、颈直、肩松、臂垂、胸展、腹收、臀紧、膝提、趾抓、重心落在两脚之间。男士双脚脚尖打开约 60°，女士约 30°（见图 2－4、图 2－5）。表情要求：目光平视、嘴巴微闭、下颌微收、面带微笑。

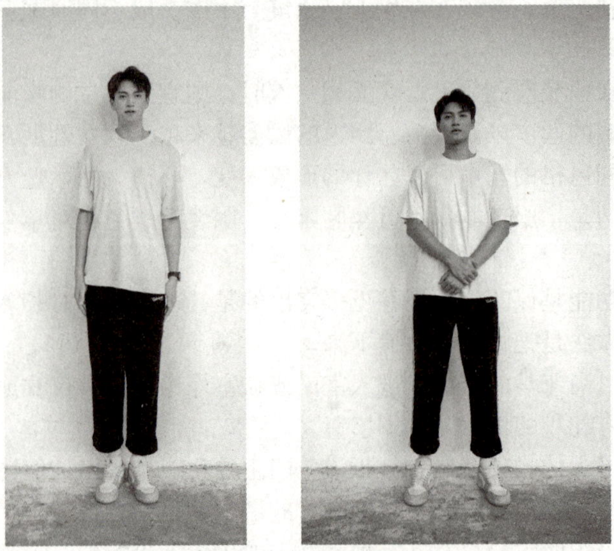

图 2-4　男士站姿

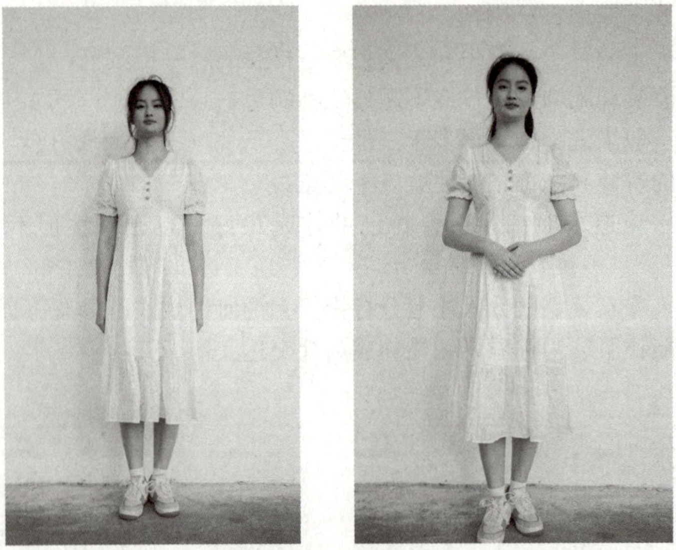

图 2-5　女士站姿

站姿是其他姿态的基础。正确健美的站姿会给人以挺拔笔直、舒展俊美、庄重大方、精力充沛、信心十足、积极向上的印象，同时有助于我们的身体健康。

男士休闲站姿：可双脚打开不超过肩宽，双手可前搭手，一手握住另一只手腕。

女士休闲站姿：可呈丁字站姿，双手相握置于小腹，一般双膝、双脚不宜分开。此姿势避免正面朝向对方，既显得含蓄，又显得双腿修长。

多人站立，一般尊者居中正站，右边的人略向左侧，左边的人略向右侧，形成一个和谐的画面（见图 2-6）。

图 2-6　多人站姿［李荣建教授（右三）、周静副教授（左三）和全国礼仪培训师合影］

（2）坐姿。古话说，“坐如钟”，即像座钟一样端庄、文雅、得体、大方。

正坐，也称正襟危坐。要求上身直立，双腿并拢，坐满椅子的 2/3，上身与大腿 90°、大腿与小腿 90°、小腿与地面 90°。男士：可将双手五指并拢，掌心向下打开，分别平放于双腿中间；女士：可将双手相握放在其中一条腿上。

如正式场合照相应保持正直，与人交流可身体略朝向对方。

女士休闲坐姿（见图 2-7）：有正襟危坐、双脚斜放、前伸后屈、双脚交叉、双腿悬挂等多种变化，可根据场合选择。

正襟危坐式坐姿

双脚斜放式坐姿

前伸后屈式坐姿

双脚交叉式坐姿

双腿悬挂式坐姿

伏案看书坐姿

图 2-7 女士坐姿

男士休闲坐姿（见图 2-8）：

平行式：在正坐基础上，可将双腿打开不超过肩宽。

悬挂式：两条大腿相叠，架上的一只脚脚尖尽量向下。

入离座注意：离座时保持上身直立。如果告别，应先告知对方，然后离座，正面朝向对方，后退两步再转身离去。

如果集体拍照，尊者居前居中，男士居后居侧。两侧略微朝向中间，形成一个和谐的画面。

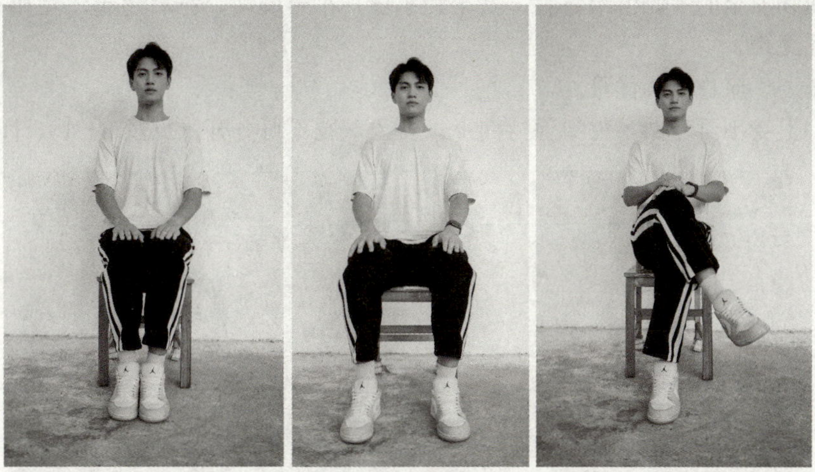

正坐坐姿　　平行式坐姿　　悬挂式坐姿

图 2-8　男士坐姿

（3）走姿。古话说，“行如风”，即像风一样稳健、协调、从容、轻盈（见图 2-9）。

走姿的要求是：躯干保持直立，重心略向前倾，双肩平衡，抬头挺胸，目光平视。前摆不过 30°，后摆不过 15°。大臂带动小臂，大腿带动小腿，膝盖不可弯曲。步位：脚尖朝前。女士步位要求，双脚内侧在一条线上；男士步位要求，双脚内侧在两条平行线上，双脚相隔半只拳头的距离；步幅：女士双脚前后相隔一只脚的距离、男士双脚前后相隔一只半脚的距离；步频：快慢论场合而定，保持节奏即可。

图 2-9　走姿

行路时应注意：

保持仪态：不可东倒西歪、勾肩搭背；注意位次：三人以上不可横行，居前居中为尊；把方便和安全的一侧留给尊者、女士和小孩；小声说话、身后超越、互相礼让、脚步轻盈、鞋底无声。

（4）蹲姿。应稳重、优雅。

要点：上身不可弯曲，臀尖保持向下，女士双腿不可分开（见图 2-10、图 2-11）。

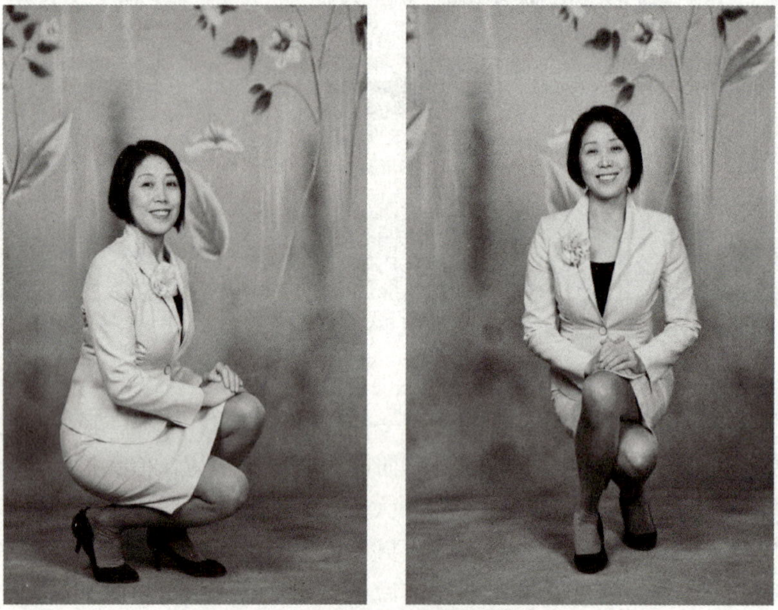

图 2-10　女士交叉式蹲姿

图 2-11　男士蹲姿（摄影　周静）

（5）鞠躬。双脚呈立正站姿；后脑勺、脖子、背部、腰部、臀部都在一个平面；髋关节转动；男士双手侧放，女士双手相握置于腹前；除肃静的场合外，应面带微笑；目光落于脚前 1.5 米处（见图 2－12）。

如何既能表现自己的态度恭敬，又能体现自己的气质风度？姿势尤为重要。尽量做到既谦和真诚，又不卑不亢。

15°用于见面、问候、握手、递物，30°用于感谢、道别，45°表示歉意，90°用于深深感谢或吊唁。

图 2－12 鞠躬姿态

本章要点

一个人的形象包括六要素——仪容、仪表、仪态、手势、谈吐、交际。仪容是指面容和发型，仪表是指服装和配饰，仪态是指身体姿态和面部表情（第七章第一节详述），这些是构成个人形象最基本的元素。良好的形象一定是清新而精神的妆容、靓丽而得体的服饰及恰当而端庄的仪态之完美结合。

思考训练

一、实操实训题

每位同学上台展示站姿、坐姿、走姿、蹲姿，同学互相点评。

二、案例分析题

1. 阅读下面的案例，并回答相关问题。

郑伟是一家大型国有企业的总经理。有一次，他获悉有一家著名的德国企业的董事长正在本市进行访问，并有寻求合作伙伴的意向。他于是想尽办法，请有关部门为双方牵线搭桥。

让郑总经理欣喜若狂的是，对方也有兴趣同他的企业进行合作，而且希望尽快与他见面。到了双方会面的那一天，郑总经理对自己的形象刻意地进行一番修饰，他根据自己对时尚的理解，上穿夹克衫，下穿牛仔裤，头戴棒球帽，足蹬旅游鞋。无疑，他希望自己能给对方留下精明强干、时尚新潮的印象。然而事与愿违，郑总经理自我感觉良好的这一身时髦的“行头”，却偏偏坏了他的大事。

讨论：郑总经理的错误在哪里？你认为他的德国同行对此有何评价？

2. 阅读如下文章并回答相关问题。

穿衣服别出洋相

记得有一次有朋友请我去看歌剧。我满心欢喜地穿了一套白色的礼服美美地准时赴约。因为有好几个人，我们约定先到他家会合再一起出发。到了他家，我一看，不好！其他人都穿得很随便。我穿着礼服显得格格不入，甚至笨头笨脑。原来这天的歌剧在一个运动场演出，大家都将坐在草地上，可以说是一次正规但轻松的演出，所以不用穿礼服。都怪自己没有问一问朋友，结果出了洋相。

讨论：

（1）读了这篇文章你有何感想？

（2）你对着装的“TPO”原则是怎样理解的？

三、思考训练题

穿衣戴帽，是一个人的文化修养、精神状态的外化，我们平时在不同的场合：上课、自习、聚会、参观、演出、演讲、听音乐会、运动……着装是否符合环境？阅读如下文章，思考作为青年学子，女神奶奶的穿衣风格、精神面貌，对你有何启发？分小组讨论，并进行三分钟的演讲。

厦门73岁老人旗袍照走红　网友称女神奶奶

看背影胜似少女，身材匀称；转过身，岁月在她脸上留下的并不是沧桑，而是自信和优雅。一瞬间恍惚，竟不知叫她“奶奶”合不合适。她叫黄炎贞，福建罗源人，现居厦门。2016年1月从全球各地旗袍佳丽中被选出，应邀到北京的全国政协礼堂参加颁奖典礼，被称为“中国最懂时尚的奶奶”，而真正将她带到人前的则是今年6月，由厦门知名时尚摄影师小野杰西拍摄的一组时尚大片。

70多岁穿旗袍走秀，勇夺全国大奖。黄炎贞说：“我今年73岁了，可我不觉得自己老。”语速不疾不徐，柔美中透着坚定。黄炎贞15岁就离开家乡，踏上三明钢铁厂招工的火车，泪别父母外出打拼。高挑的身材、灵动的大眼睛让她在同龄女孩中脱颖而出，20世纪60年代，她开始登上钢铁厂的演出舞台。后来，她又参加了文艺宣传队，深入农村演出。2002年，黄炎贞跟随儿女来到厦门定居。其他人的晚年闲适，含饴弄孙，黄炎贞的晚年却更加精彩。她梳起发髻，穿上优雅的旗袍，热心公益。黄炎贞告诉记者，她本身与中国旗袍协会厦门分会的会长韩淑芹就认识，2014年的时候，韩淑芹提出要办旗袍会，黄炎贞马上报名参加。

拍摄完这组照片后，黄炎贞惦念起年轻时的夙愿：去西藏。她说，此前她顾虑重重，怕缺氧，怕腿脚不便，但拍完照片后，她觉得："人生在世，很多事不试一下，一辈子都不知道行不行。"在儿子的陪同下，6 月 12 日，黄炎贞开启了她的西藏之旅，黄沙中、马背上、佛塔下，还登上了布达拉宫，最终满载而归。6 月 30 日，这组时尚大片正式上线。短短几天，引起众多网友的关注。昨日，记者看到，仅在小野杰西工作室的公众号上，这组照片的点击数，已经超过 4 万。黄炎贞直言，这样的影响力是她自己也没想到的。她说，当初拍摄这组照片，是想告诉老年人，生活可以更精彩。但没想到，现在更多的点击来自二三十岁的年轻女性，甚至还有人给她留言说，"看完照片后，不再一味埋怨生活了，而是多想想如何努力和拼搏"。这让她意外又欣喜。

资料来源：厦门 73 岁老人旗袍照走红　网友称女神奶奶．中国青年网，2016－09－07.

第三章 生活礼仪

学习目标

了解家庭礼仪、校园礼仪、公共礼仪；

能与亲人、老师、同学和睦相处，与陌生人自如交往，与志同道合的人结为朋友；

建立和谐人际关系，享受美好生活。

案例导入

1964 年，东京奥运会结束时，全场 10 多万名日本人离场后，偌大的场地看台上没有一丝垃圾、纸屑，令全世界震惊！

案例分析：

1964 年，日本以奥运会为契机，致力提高国民素质。当时采取了六项举措：

一是要热情接待。东京市政府要求全体市民对所有与会的外国友人，不分国家，不论身份，一律要热情接待。

二是注重仪表。市民要有良好的精神面貌，着装要整洁，到机场接人一定要穿正规服装，不符合要求的人不能进机场。

三是要热烈鼓掌。市民在观看奥运会所有项目的比赛时，无论哪个国家的运动员夺得金牌，都要热情鼓掌。

四是整顿市容。市民一律不许随地吐痰、便溺。

五是行人优先。对司机进行交通法规教育，在行车时遇到行人要礼让，保证交通安全及道路通畅。

六是要做到文明素质教育从幼儿园抓起，从小就开始培养良好的个人素质和行为礼仪规范。

这些做法，在东京奥运会后，逐渐成为东京市民的行为准则，一直延续至今，整个东京，甚至全日本都受益。

1964 年东京奥运会距今快 60 年了，话题依然不断：有人觉得不可思议，有人说这是小题大做。对此，你有何想法？它带给我们哪些启示？

学习内容

一个人从小到大，家庭、学校、社会都是必经之路。无论是家庭生活，还是在校学习，或者是社会交往，都应该讲究礼仪。礼行天下，仪动人生。

第一节　家庭礼仪

家庭是人类社会生活的基本单位，是社会肌体的细胞。家庭由家庭成员构成，是建立在血缘和婚姻关系基础上的小型群体。

每个人都想拥有一个美满、幸福的家庭。每位家庭成员都希望家庭关系和谐、亲密。但是，怎样才能让家庭充满欢声笑语和温馨气氛呢？家庭生活的行为规范和准则——家庭礼仪，在这方面可以发挥重要的纽带作用和有效的调节作用。

家庭礼仪主要包括家庭成员礼仪和邻居礼仪等。为了处理好家庭关系，首先要通晓家庭成员礼仪，使彼此和睦相处。此外，还应熟悉邻居礼仪，和左邻右舍搞好关系。

家庭成员礼仪是家庭成员在家庭生活中处理相互关系的行为规范与准则。只有父母善待子女，晚辈孝敬长辈，父慈子孝，才能使家庭关系更加亲密。夫妻关系是家庭关系的核心，夫妻互敬互爱、互相关心，家庭生活自然会充满温馨。

一、父母与子女相处的礼仪

（一）言传身教

常言说："近朱者赤，近墨者黑。"父母的言行举止，往往对子女起着潜移默化的作用。孩子身上总是刻有父母影响的痕迹，家长的一言一行、一举一动他们都看在眼里，记在心上，甚至加以模仿。父母热爱工作、办事公正、待人热情、容易接近、知识丰富、好学上进等，都可以通过工作、学习、家庭生活对孩子产生一定的影响。父母在孩子面前以身作则，为孩子树立一个可以信赖、可以效仿、可以直接感受到的好榜样，非常重要。父母作为孩子的第一位老师，不仅要有做好父母的愿望，而且还应深入了解子女，尊重子女的独立人格、志向、兴趣和合理的选择。父母平时在家中要用正确的语言教育子女，以模范的行动影响子女。例如，不说违背社会生活准则和社会公德的话，遵纪守法，不做违背社会准则和社会公德的事。在生活中，夫妻要共同创造良好的家庭环境，互相关心，相互体谅，尤其不要当着孩子的面吵架。对子女的同学、朋友来家中做客，应表示欢迎。在日常生活中，父母说话要算数，任何时候都不要对孩子撒谎。许诺孩子的事，要尽量兑现。在这方面，古代教育家曾参为后人树立了很好的榜样。

曾参是中国古代大教育家孔子的学生，非常重视子女的教育问题。“曾子杀猪”的故事一直流传至今，曾给无数家长以启迪。

一天，曾参的妻子准备出门去集市买东西。

“妈妈，妈妈，我也要去，我也要去!”一个两三岁的小男孩边哭边从屋里扑了过来。

“好孩子，别去了，去集市要走很远的路，而且路也不好走。你乖乖地在家里玩，我回来后，让你爸爸杀猪给你吃，好不好?”曾参的妻子哄儿子说。

“杀猪，杀我们家那头猪，真的吗？那我就有肉吃了，我喜欢吃肉，我不去了。”儿子终于改变了主意。

儿子高兴地把这件事告诉了父亲曾参，曾参立即请人来家捉猪，准备杀猪。

妻子从集市回来见丈夫正准备杀猪，赶忙阻止：“你疯了吗？我只不过跟孩子说着玩儿的，你怎么当真呢?”

“孩子是不能随意跟他说着玩儿的。”曾参严肃认真地说，“小孩子还没有做人处事的经验，只能跟我们做父母的学，听从父母的教诲。现在你欺骗他，将来他就会欺骗别人。况且，母亲欺骗了儿子，儿子就不信赖母亲了，今后你再教育他，他能听吗?”

曾参的妻子不好再说什么了，只好听由丈夫让人把猪杀了，兑现了对儿子的许诺。

“曾子杀猪”的故事，说明了对孩子进行早期教育的重要性。要培养孩子诚实守信的品格，必须从父母做起，从日常行为做起。

（二）一视同仁

父母与子女之间应保持一种亲密无间的关系。俗话说：“手心手背都是肉。”父母对子女应一视同仁，“一碗水端平”，对每个孩子都给予同样的爱。不要亲一个，疏一个，厚此薄彼，使孩子的心灵受到创伤。

（三）教育有方

创造良好的家庭环境，需要家长根据不同情况对子女进行热情的鼓励和及时的批评教育。批评要讲究方式、方法，要循循善诱，启发引导，少训斥和唠叨，尽量不要当着外人的面批评孩子，否则会使孩子觉得在外人面前丢了脸，容易产生没脸见人、破罐子破摔的想法。父母平时应注意观察和表扬子女的优点，多鼓励孩子。对孩子提出的问题，父母要尽量给予答复，让他们从小就树立自尊心和自信心。教育子女要善于抓住时机，采取正确、有效的方法。在现实生活中，在子女不求上进或犯错误时，绝大多数父母会采取一定的方式给予教育和帮助，听之任之的父母极少。问题在于，有些父母企图仅仅以“爱心”来感化孩子，结果“慈爱”过度，变成了溺爱，不但未使子女上进或改正缺点，反而使其更加不在乎；有些父母则对子女过于严厉，动辄训斥、责骂，甚至采用暴力解决的方式，这常使子女产生逆反心理，变本加厉地做坏事。由此看来，“棍棒底下出孝子”的古训已经过时，而循循善诱的教育方法，依然放射出理性的光彩。

在教育子女方面，中国古代著名的“孟母断机”的故事，至今仍对后人有启发意义。

孟子到了该上学的年龄，因家贫，孟母反复考虑，决定借一台织布机，靠织布供儿子上学。

孟子高高兴兴地上学了。学校的一切是那么新鲜，开始时他学习劲头很高，可日复一日地读书、背书，使他渐渐感到枯燥无味了。有一天，尚未放学，他就偷偷地溜回了家。正在织布的母亲发现了，便问儿子：“你这么早回家，该不是逃学吧？”孟子满不在乎地说：“念书没意思，我不想念了。”孟母听了这番话，心里一阵颤抖，半晌说不出话来，一阵沉默。

突然，她拿起剪刀，把正在织的布“咔嚓”一声剪断了。这突如其来的举动，把孟子惊呆了，他小声问：“妈……妈妈，你，你怎么啦？”孟母长叹一声，缓缓地说：“你看，这布是一根根丝织起来的，人的学问也是一点点积累起来的，你不好好读书，半途而废，就像我剪断了这织成的布一样。你年纪这么小就不愿读书，长大了怎么能成才呢？”

孟母语重心长的话语和忧伤的表情，深深地打动了孟子的心，他惭愧地说：“妈妈，我错了，请原谅我，我今后一定要好好读书！”

（四）作风民主

进入信息化社会后，行业竞争日趋激烈，人们的生活节奏越来越快。胸怀大志的青年人奋发上进，学文化、学技术、学外语、学管理等，学习相当紧张，工作比较繁忙。细心的家长不仅要关心子女的衣食住行，而且还要格外重视他们的成长和进步。一般说来，朝气蓬勃的青年人更喜欢自由宽松的生活、学习、工作环境。因此，作风民主、开明的父母要多理解子女，在家庭生活中尽量给孩子创造较宽松的氛围，当子女在生活、学习、工作中遇到困难时，父母可提供一些参考意见，少一点命令，多一些沟通。

二、子女与父母相处的礼仪

年轻人都希望自己有个良好的成长环境，很羡慕和谐的家庭气氛。其实作为年轻人，学习和了解与父母相处的礼仪非常重要。因为，自己在家庭中的言行，对于营造温馨的家庭气氛，有着极为重要的作用，只是还有一部分年轻人尚未意识到这一点。那么，我们究竟应该怎么做呢？

大家都清楚这样一个事实：自己的成长、进步，都凝结了父母的心血和汗水，自己虽然很爱父母，但在日常生活中，往往不能忍受父母的唠叨、事事过问，不少人为此烦恼，有的人甚至采取对抗的态度顶撞父母。这样一来，父母和子女之间就免不了发生口角和冷战。如果换另外一种态度来对待父母的这种关心，情况就会不一样。例如，先听父母说，而不急于表明自己的想法，或者以征求他们意见的方式，阐述自己的想法，询问一下这样做是否合理。因为无论与父母有多大的分歧，有一个前提是不该违背的，那就是尊重父母。虚心学习父母的优点，当父母有错误时，要委婉地批评，耐心地说服，做到这一点，父母也会变得心平气和起来。

有的年轻人在生活中常与父母发生冷战；有的年轻人在外面比较活跃，回到家里却变得比较沉闷，不愿意主动与父母沟通，问一句才答一句，甚至对父母的关心表示反感；有的年轻人常与父母发生争吵，这些都给家庭造成了不愉快的气氛。如果家庭成员每天能抽出点时间互相进行交流，沟通一下各自的情况，也许要比偶尔为家人送个小礼物更令他们高兴。因为他们不仅通过与你的交谈了解到你的状况，而且还了解到一个重要信息：你依然爱他们，愿意向他们倾诉。

在家中孝敬长辈，可以从许多细微之处做起。例如：晨起之后，向长辈请声早安；外出或回到家后，和父母打声招呼；平时吃东西前，先问问父母吃不吃；父母身体不适时，更要多关心、多问候，尽可能多陪伴他们。生活中多为父母分担家务。远离家乡的子女，可通过电话、邮件问候父母等。这些看起来似乎微不足道，做起来又非常容易的事，却可以给长辈带来莫大的精神安慰。

三、夫妻之间相处的礼仪

夫妻关系的好坏，是家庭生活幸福与否的关键。有些年轻人认为，两人结婚后，就是一家人了，没有什么可见外的。于是，有些夫妻彼此谈话很随便，开玩笑也没有了尺度，有时无意中伤害了对方，自己还毫无察觉，这样，时间长了就会影响夫妻感情。由此看来，夫妻在家庭生活中朝夕相处，若要保持爱情的甜蜜，就应当讲究夫妻相处的礼节。

众所周知，中国有一对夫妻一辈子相敬如宾，堪称夫妻的楷模，这对令人敬佩的夫妇就是周恩来与邓颖超。他们总结出夫妻相处的宝贵经验——“八互”，即互敬、互爱、互学、互助、互让、互谅、互慰、互勉。这八条宝贵的经验，值得每一对夫妻学习和借鉴。

（一）互敬

互敬即相互尊重，相敬如宾。例如，在一次青年联合会上，女教师小吕准备上台参加歌唱比赛，她的丈夫大张悄悄叮嘱说：“别紧张，你一定能成功。”小吕说：“谢谢你的鼓励。”这段话听起来再平常不过，但事后，大张的朋友小于提起这件事，竟说了一句：“跟你媳妇还虚虚假假的，太酸了。”其实，夫妻虽是一家，相互间多说几句“谢谢”“请帮帮忙”或鼓励之类的话，并不是多余的。这样做既能体现尊重对方，又能加深彼此的感情。

（二）互爱

互爱即互相体贴，温情脉脉。俗话说，“知夫莫若妻”，“知妻莫若夫”。夫妻在一起生活，相互了解彼此的性格、爱好和生活习惯等，丈夫不要在婚后变得粗暴，妻子也不要在婚后变得俗气。夫妻虽然不再常有恋爱时花前月下的浪漫，但体贴对方的话要常讲，关心对方的话要常说，不要忘了感情的交流，一个眼神、一个手势、一声亲切的呼唤，无不包含着深情厚谊。

（三）互学

互学即互相学习，取长补短。夫妻各有长处，不论是在事业上还是在日常生活中，要多看对方的长处，学习对方的优点，弥补自己的缺点，不断进步。

（四）互助

互助即互相支持，互相帮助，夫妻应共同承担家务。丈夫不妨多干点力气活。夫妻在事业上更要互相帮助，互相支持，共同走向人生的辉煌。

20世纪的中国，杨绛与钱钟书是天造地设的绝配。胡河清曾赞叹：“钱钟书、杨绛伉俪，可说是当代文学中的一双名剑。钱钟书如英气流动之雄剑，常常出匣自鸣，语惊天下；杨绛则如青光含藏之雌剑，大智若愚，不显刀刃。”在这样一个单纯温馨的学者家庭，两人过着“琴瑟和弦，鸾凤和鸣”的围城生活。

1935 年，杨绛陪夫君去英国牛津就读。初到牛津，杨绛很不习惯异国的生活，又乡愁迭起。一天早上，杨绛还在睡梦中，钱钟书早已在厨房忙活开了，平日里“拙手笨脚”的他煮了鸡蛋，烤了面包，热了牛奶，还做了醇香的红茶。睡眼惺忪的杨绛被钱钟书叫醒，他把一张用餐小桌支在床上，把美味的早餐放在小桌上，这样杨绛就可以坐在床上随意享用了。吃着夫君亲自做的饭，杨绛幸福地说：“这是我吃过的最香的早饭。”听到爱妻满意的回答，钱钟书欣慰地笑了。

学习之余，杨绛和钱钟书还展开读书竞赛，比谁读的书多。通常情况下，两人所读的册数不相上下。有一次，钱钟书和杨绛交流阅读心得：“一本书，第二遍再读，总会发现读第一遍时会有许多疏忽。最精彩的句子，要读几遍之后才会发现。”杨绛不以为然地说：“这是你的读法。我倒是更随性，好书多看几遍，不感兴趣的书则浏览一番即可。”读读写写，嘻嘻闹闹，两人的婚姻生活充满了悠悠情趣，羡煞旁人。

1942 年底，杨绛创作了话剧《称心如意》。在金都大戏院上演后，一鸣惊人，迅速走红。杨绛的蹿红，使大才子钱钟书坐不住了。一天，他对杨绛说：“我想写一部长篇小说，你支持吗?”杨绛大为高兴，催他赶紧写。杨绛让他减少授课时间，为了节省开支，她还把家里的女佣辞退了，自己包揽了所有的家务活，劈柴生火做饭样样都来，经常被烟火熏得满眼是泪，也会不小心切破手指。可是杨绛并未抱怨过，她心甘情愿地做灶下婢，只盼着钟书的大作早日问世。看着昔日娇生惯养的富家小姐，如今修炼成任劳任怨的贤内助，钱钟书心里虽有惭愧，但更多的是对爱妻的感激与珍爱。

两年后，《围城》成功问世。钱钟书在《围城》序中说：“这本书整整写了两年。两年里忧世伤生，屡想中止。由于杨绛女士不断的督促，替我挡了许多事，省出时间来，得以锱铢积累地写完。照例这本书该献给她。”其实，《围城》是在上海沦陷时期写的，艰难岁月里，夫妻两人相濡以沫，相敬如宾，这是多么难得的人间真情啊！

钱钟书曾用一句话，概括他与杨绛的爱情：“绝无仅有的结合了各不相容的三者：妻子、情人、朋友。”这对文坛伉俪的爱情，不仅有碧桃花下的浪漫，更融合了两人心有灵犀的默契与坚守。

资料来源：杨绛与钱钟书：可遇不可求的旷世情缘．网易新闻，2016－05－29.

（五）互让

互让即互相谦让，切莫唯我独尊。夫妻之间要提倡平等，遇事多商量。丈夫不要以“大男子主义者”自居，妻子也不要让丈夫得“妻管严”。你敬我一尺，我敬你一丈，彼此多给对方一些理解和空间，夫妻感情才会更加亲密、牢固。

（六）互谅

互谅即学会宽容，互相谅解。俗话说：“金无足赤，人无完人。”何况“人有失手”。丈夫可能做事比较粗心，妻子要能够容忍；妻子或许比较啰唆，丈夫要予以谅解，彼此求同存异，互相靠拢。

（七）互慰

互慰即互相关照，彼此安慰。人生的道路曲折、漫长，不可能事事称心如意，一帆风顺。当一方在前进的道路上遇到挫折时，另一方不要讽刺、挖苦甚至奚落，而应当多安慰对方，一起分析受挫的原因，总结经验教训，让失败变为成功之母。

（八）互勉

互勉即互相勉励，互相鼓舞。当一方取得成功时，另一方应表示热烈祝贺，并一起分享成功的欢乐，同时激励对方再接再厉，不断开拓前进。夫妻不论是在顺境还是逆境，都要互相理解、互相信任、互相支持，携手并肩，一步步走向胜利的彼岸。

第二节　校园礼仪

一、交往礼仪

（一）学生与教师相处的礼仪

1. 尊师重教

教师的工作非常辛苦，每天都要备课、辅导和批改作业，深入研究问题，广泛查阅资料。所以，学生在上课前，应主动帮助老师拿教具、做准备、擦黑板、打开水等；课后，应帮助老师送教具、整理实验室、抄写资料等。学生也可以利用业余时间，帮助老师干一些力所能及的家务活。当老师生病或发生重大事故时，应及时前去看望。须注意的是，这是一种道义上的交往，应保持师生间的真挚情意，而不能演变成社会上的那种庸俗关系。

2. 请教交谈

学生在和老师说话时，应主动请老师坐下。若老师不坐，学生应该和老师一起站着说话。只有等教师坐下，并请学生坐时，学生才可以坐着与老师说话。学生无论是站着还是坐着，都应姿势端正，不可东张西望、抓头摸耳、抖腿搁脚，应双目凝视老师，认真地听老师说话。如果老师说的话学生感到不理解或无法接受，并有不同看法时，不必隐瞒，可谦虚而诚恳地向老师请教，直到弄明白为止。

3. 进出办公室

学生进老师办公室要注意仪表、仪态及着装。进门前，要轻轻敲门或喊“报告”，不管门是开着还是关着，都要征得老师同意后才进入。学生进入办公室后要向在场的所有老师问好，未经老师邀请不可随意坐下，而应站着聆听老师讲话。如要找的老师不在，应礼貌地询问一下办公室的其他老师，可根据情况说明自己的姓名或所在班级、有什么事、何时再联系等之后，道谢再走。切忌贸然推门进入办公室，或站在门口探一下脑袋，旁若无人地环视办公室，当发现要找的老师不在时，便扭头（缩头）就走，或用学科代替称谓询问办公室里的其他老师，如“我们的外语老师来了吗”，让人不知道到底找谁。如确实不知道所要找老师的姓名，应事先做一番“调查”，这是起码的礼貌。在办公室内，不能乱翻乱摸桌上的材料物品，或私自动用电话等办公设备。与老师谈话或汇报工作时，要直截了当、简洁明快，忌停留过久。谈话结束时，要向老师表示谢意，并为自己的打搅致歉。

若是坐着，应先起立把凳子放回原处，再向老师道谢再见；若老师起立目送，应请老师坐下；若老师举步相送，应请老师留步。

4. 拜访老师

学生去老师家拜访，不论是知识咨询、祝贺节日、关切探望患病老师，还是请老师帮助排难解疑等，都要事先通知老师，以免自己碰壁或弄得老师措手不及。拜访时，学生要服饰整洁，按时到达，敲门并等人招呼后再进门。要与老师家所有见面的人打招呼，称呼要得体。如在场的人多，又不熟悉，则可泛泛问候“大家好”。当老师或其家人递茶水时，应起立双手接过，并道谢。有新客人来访且老师做了介绍时，应主动起立招呼、问候，若发现因自己在场有所不便或拜访时间已经不短时，应马上告辞。告辞时，要与所有的人道别，并请老师留步。拜访时若老师有急事出门了，可留下字条给其家人或邻居；如果因故不能赴约，一定要设法提前通知，以免老师等候与牵挂。

5. 与老师相处的忌讳

学生不宜对老师直呼其名，应在姓或名字后加“老师”二字。严师出高徒，学生不能因为老师的批评、自己考试不及格等原因而怀恨在心，对老师无理取闹，或在背后败坏老师的名誉。不应对自己不喜欢或其授课方式自己不习惯的教师，说长道短。不能为当班干部，或调到自己认为合适的班级，或评“三好学生”，或使考试及格而向教师行贿。学生不应忘记老师的师恩，不应打听、传播老师的个人生活和私事，更不应向老师表白感情。

（二）同学之间相处的礼仪

中华民族素称“礼仪之邦”，彬彬有礼的风度历来备受赞誉，“以礼相待”是家喻户晓的格言。《礼记》中“有礼则安，无礼则危”的论断，深刻地揭示了“礼”的巨大社会作用。待人彬彬有礼，就能在人与人之间架起一座互相尊重和友爱的桥梁，使生活充满愉悦与和谐。相反，若待人粗暴无礼，则只能带来不满与怨恨。

（1）要互相尊重。同学来自不同地区，由于各自的环境、条件不同，各自的性格、脾气、爱好及生活习惯也不同，同学之间应做到互相尊重、以礼相待。

（2）要互相关心。大家应亲如兄弟姐妹，在学习上互相帮助，在生活上互相照顾，在思想上互相鼓励。只有这样，才能心情舒畅，取得优异成绩。有同学遇到困难时，大家应伸出友谊之手，给予帮助。当有的同学取得好成绩时，大家应当为其高兴。

（3）要互相考虑。每位同学都要注意自己的行为，做到不妨碍他人，并遵守宿舍的有关规定。互相考虑，通常都是表现在一些很细微的事情上，如自觉把位置较好的床铺让给其他同学；在宿舍里，听到有敲门或叫门声，不可轻易说“请进”，特别是在夏季，容易引起宿舍其他穿着比较随意成员的不方便，造成双方尴尬。

（4）要互相信任。东西丢失了，不要无依据地猜测，以免影响同学之间的关系。产生隔阂时，应主动交流，进行沟通，以减少误会。

（5）要互谅互让。每位同学都应严于律己，宽以待人。如因不小心妨碍了他人，首先应说声“对不起”，另一方不应毫无反应，而应马上回敬“没关系”或一个微笑，以便让对方获得安慰。学会忍人所不能忍，容人所不能容，这不是吃亏，而是有涵养的表现。每位同学对自己有可能会干扰他人的个性习惯都要努力克制，不可我行我素。

与同学相处，不论自己与对方具体关系如何，均应对其表现出应有的尊重，并且以礼相待、以诚待人、与人为善。对待同学要态度谦虚随和，既不要故步自封、狂傲自满，拒人千里之外，也不要逢迎不迭、随声附和。要团结同学、互相帮助、共同进步、理解宽容，不能无事生非、心胸狭隘、语言粗俗、嫉妒和猜疑，更不要打听同学的隐私和揭人短处。

去同学家拜访时，要事先征得双方家长的同意。到同学家要礼貌地称呼其家人，对其父母应称“伯父”“伯母”“叔叔”“阿姨”，对于同学的其他亲属，可以随同学的称呼而称呼。在同学家做客，不能乱翻东西。本地近距离做客尽量不要在同学家就餐或留宿；异地做客，也不要停留过长时间，以免给对方添麻烦，干扰对方的正常生活。

同学间的交往应神交多于物交。上海《文汇报》公布的一份调查资料表明，在学生的日常开销中，生日送礼的费用占40%左右，高居消费榜首。另据一位住校男生透露，在他们宿舍中男生吸烟率已达3/4，每月香烟支出也不少。诚然，同学间的交往既有精神上的交往，也有物质上的互利，二者有时很难分割清，但正确的比例应是精神因素占得多一些。

男女同学交往时，应该坦然相处、大大方方，完全不必顾虑重重、躲躲闪闪。一般情况下，男生比女生力气大，因而在体力劳动等方面，男生应主动关心、帮助和照顾女生。当然，异性之间的交往也应保持一定的距离，如旅游、游泳、散步、跳舞等活动，要提倡集体性。异性之间串门，要事先预约，时间的选择上要避开洗澡、午休和夜间就寝。进门应敲门，获得允许后，方可入内。

异性之间要注意举止得体、彬彬有礼、文雅大方，不要过于随便或粗俗，男生不要与女生凑得太近，或用手随意触碰。男生背后议论女生、贬低对方，或给女生的长相、身材、性格打分都是不礼貌的行为，这极易伤害同学的自尊心，从而妨害异性同学间的友谊。

学生时代，不宜早恋。但拒绝同学的追求，采取的措施要文明、有分寸，不可讥笑对方，更不可公开异性的求爱信，以防伤害对方的自尊心。

二、学习礼仪

（一）教室礼仪

课堂是教师对学生传授知识与技能的场所。讲究课堂礼仪，对于促进教师与学生的沟通、提高教学质量极为重要。

1. 提前抵达教室

上课前两分钟，学生必须进入教室，做好准备工作。这本身是一种应有的礼貌，也是对老师的尊敬。教室的这种严肃气氛，既能为老师取得良好的教学效果打下基础，又能够密切师生之间的关系。再者，对学生本身来说，两分钟准备也是从上一堂课转入下一堂课、从室外活动转入室内活动的一种过渡，能帮助学生使自己的思想尽快集中起来。

学生可以利用这两分钟的时间从容地做好上课准备，如找出上课要使用的课本、笔记本以及其他文具；也可以端正地坐好，恭候并欢迎老师的到来。

每位同学都应做好上课准备，这既是尊重别人，也是尊重整个班集体的表现，所有的学生，都不能因为个人的准备工作尚未做好而影响整个班级的上课。另外，课前同学间应相互谦让，对视力差的同学在座位上应给予照顾，不应争先恐后地哄抢座位。教室应保持清洁卫生，不得大声喧哗。当老师走向讲台时，全体同学要起立，待老师答礼后，才坐下。

2. 师生迟到礼仪

学生如果遇到特殊情况，不得已而在老师开始上课后才进入教室，应特别注意举止的文明和礼仪的周到。

(1) 在教室门口应先停下脚步喊“报告”。如果教室门关着，就应先轻轻敲门，在得到老师的允许后才能进入教室。

(2) 要主动向老师说明迟到的原因，态度要诚恳。应在得到老师谅解和允许后，才入座。

(3) 在走向自己的座位时，速度要快，脚步要轻，动作幅度要小。走到座位前，在放书包和课本时，尽量不要发出太大的声音，更不能有任何滑稽的举止。

(4) 坐下后应立即将注意力集中起来，端坐听老师讲课。

总之，迟到的学生须把自己迟到而对课堂秩序所造成的影响减少到最低限度。

教师是教育者，在遵守校纪校规方面应成为学生的榜样。一般来说，教师上课应该准时，不应迟到，但生活中也会遇到一些特殊情况，使教师不能准时到达教室。此时，师生双方都应保持冷静，以正确的态度来对待这件事。作为学生，当发现教师在上课铃声响过后才进入课堂上课时，不要大惊小怪，不要喧哗，不要大声说话，而仍应起立向老师敬礼。当老师表示道歉时，学生应当表现出谅解和宽容的态度。这样会使老师感到温暖，使课堂教学收到良好的效果。

3. 认真听讲

上课时学生要专心听讲、精神饱满、坐姿端正、做好笔记。不可心不在焉，打哈欠，打瞌睡；不可与同学说悄悄话、听耳机或看其他书报；更不可吃东西、下棋、打牌或者玩游戏。要保持安静，最好不要携带手机，带在身边的也应关闭或调成静音，不要发出声响干扰课堂教学，更不能在上课过程中离席回话。

学生提问或回答问题要先举手，老师示意后方可进行。发言时应自觉起立，目光正视老师，声音清晰、洪亮，使老师和同学都能听清。站姿和表情要大方，不要搔首弄姿或者故意做出滑稽的举止引人发笑。其他学生要专心听，不随便插话。当老师点名请你回答问题，而你又确实不会回答时，应站起来以抱歉的口吻诚实地说明自己不会回答这个问题，不要不懂装懂。

老师讲课时，一般不允许学生中途离开教室。如果遇到特殊情况，必须中途离开，则应在老师讲到一个段落，或者讲完一个问题时再举手请假。得到允许后，要迅速而轻盈地走出教室。

老师在教学过程中出现差错，如由于笔误写错字，由于发音不准念错字，由于一时记混而说错等，并不能说明老师的水平低。学生应该正确对待老师在教学过程中出现的疏忽和差错，发现后应该选择适当的时机和方式，如写纸条或等老师走到身边时悄悄地告诉他。沟通时，应使用请教或商量的口气以及采取谦和的态度，让老师有思考的余地，不能使老师当场难堪。

4. 文明下课

老师尚未宣布下课时，不要急于收拾东西。下课时要全体起立，等候老师先走。老师走后，学生方可自由活动。自由活动时，不宜在教室或教学楼里大声喧哗、追逐打闹。

课间要为老师擦净黑板，整理好讲台，准备好粉笔，黑板擦，主动帮老师打好开水等。

（二）实验室礼仪

学生在校期间，除了在课堂学习知识之外，还要上实验课，接触实验设备，进行实际操作，以增强理论与实践相结合的能力。由于实验课都是在实验室内完成的，因此，在做实验时，要听从老师的安排，爱护实验室内的设备，遵守实验室的礼仪。

1. 听从安排，遵守纪律

在操作实验设备过程中，要听从老师的统一安排，按老师的要求正规操作。老师指导具体操作时，应放下手中设备，站立听讲，记住操作要点，掌握操作程序，不得违反纪律。

2. 爱护实验室内的设备

实验室存放的药品、标本、用具、实验设备等物品价值贵重，操作时一定要爱护，轻拿轻放，注意节约、节省。实验中，如果损坏仪器设备，应及时向老师报告，不得相互推诿，甚至溜之大吉。如果是做剧毒、危险药品或细菌实验，要严格执行操作程序，保护自身的安全，以免发生意外。一旦出现危情，应立即报告老师，及时进行处理，必要时要送医院急救。

3. 有问题要举手

做实验时，如果遇到这样或那样的问题，应举手问老师，不要自作聪明，擅自处理。如果此时老师在指导其他同学操作，应耐心排队等候，不要大嚷大叫，表现出不耐烦、不认真和不满情绪。不得在操作中随意换组，不听指挥，到处乱窜，大声喧哗，也不得因实验操作有困难而拒绝操作，停止实验，应随时随地和老师取得联系，很好地完成实验。

4. 整理实验设备

实验室是教学工作的重要场所，里面有水、电、易燃品、细菌、病毒等，因此，每次上完实验课，应自觉打扫实验室，保持实验室干净、整洁，扔掉杂物、废弃物，排列好用具、实验仪器，待老师检查合格后，自觉排队离开实验室。不要拥挤、打闹，以免碰撞实验设备。同时还要检查好水、电、门窗的关闭情况，要有安全意识。

（三）自习室礼仪

自习室是“无声的课堂”，最重要的是维持室内安静的学习氛围，这是取得良好学习效果的保证。自习虽无老师授课却仍然是课堂教学的延续，任何与学习内容不相干的事情都不宜在自习室里进行。所以，自习时在教室里与他人说话、打闹、玩扑克等都是与教室学习环境格格不入的失礼行为。进入教室不管是先来者还是后到者动作都应特别轻，相识的同学见面彼此可以点头或挥手示意，言语的问候是不合时宜的。自习期间要尽量减少走动，离开座位需要坐在外边的同学起立让路时，应向其表示歉意并致谢。有不明白的问题需要与其他同学商量或请教时，最好到自习室外边去交谈，开门、关门、起立、入座动作要轻，尽量避免发出响声影响他人。自习期间在楼道内也要轻手轻脚、低声细语，不能追逐打闹、高声喧哗。

上自习时还要遵守学校教学楼的有关规定：一是不要在教室内乱丢废弃物品，保持室内卫生；二是要准时下课，不要拖延过久。

在教室里要爱护桌椅，不在上面乱刻乱画，杜绝“课桌文字”的出现。

三、生活礼仪

（一）食堂礼仪

随着时代的发展，餐饮仅仅维持生存的原始功能已大大减弱，餐饮向更多功能发展。学校食堂就餐人数多，就餐时间集中，工作人员往往比较繁忙。所以，如何营造食堂环境，遵守食堂礼仪就显得尤为重要。

1. 注意公共卫生

穿着整齐，不要穿背心、拖鞋进入食堂。不可随地吐痰，不可向地面泼水、扔杂物。用餐时，应该吐骨入盘，不要吐在桌上或地面上；用餐后，剩余的饭菜应倒入泔水桶，若使用的是食堂提供的餐具，还应分类放入指定的回收容器中。

2. 维护公共秩序

买饭时应遵守秩序、互相礼让，自觉按先后顺序排队，不应硬挤或插队，更不应打闹、起哄或做出其他不文明行为。敲柜台、餐具，或挥舞手臂，或不停地叫喊，或隔着柜台拉工作人员的衣袖、衣角等做法，都是失礼的。

买饭后入座时，在食堂座位有限的情况下，应互相礼让，避免抢座位、占座位。

同时，由于用餐时间人多拥挤，进进出出。所以走路、入座要多加小心，以防碰撞、烫伤其他同学。如有不慎，应互相谅解。如有的同学因故买饭不方便，其他同学应主动帮助。

3. 珍惜点餐时间

如点餐人多时，应事先想好打算点什么，以及应对万一所点的菜卖完了的第二方案，不要等到了柜台前再慢慢考虑，耽误后面人的时间。饭卡、饭票要拿在手里，不要等到该付账时，再在每个口袋乱翻。

点完菜之后，要耐心等待，不要急声催促；与服务员讲话时要注意用语礼貌；待服务员送来饭菜时要说一声“谢谢”。

4. 绝不浪费饭菜

进餐时应注意节约粮食。例如，馒头不小心掉在地上，应捡起，不要碍于面子而显得过于“大方”“潇洒”，一脚踢开，以显示自己多么“高贵”。所购买的饭菜，应以吃饱为度，不要超量购买，以免吃不完造成浪费。

5. 讲究进餐文明

进餐时要文雅，切忌“狼吞虎咽”，这既不符合礼仪要求，也不利于健康。应闭嘴咀嚼，吃东西时不要发出声音，喝汤时不要啜。如菜、汤太热，可等稍凉后再用，切勿用嘴吹。口内的鱼刺、骨头等不要直接外吐，最好用餐巾捂嘴，用手或筷子取出，包在餐巾纸内，更不能吐在地上或别人面前。不要对着餐桌打喷嚏或咳嗽，如有特殊情况实在忍不住，应低头并用餐巾或手帕遮口，然后向临近的同学道声“对不起”。餐后不要不加控制地打饱嗝儿。需要剔牙时，要用手遮口。

6. 尊重员工劳动

食堂工作人员的劳动直接关系到同学们的健康，他们无论是白天黑夜还是酷暑严寒，都早起晚睡，常年如一日地工作在艰苦的环境中。所以，应尊重他们的劳动，珍惜他们的劳动成果，主动协助他们搞好食堂的工作，与他们友好相处，以礼相待。

吃饭时，如发现饭菜有质量问题或异物，可找有关管理人员有礼貌地说清楚，以帮助食堂改进工作，提高服务质量。不可感情冲动，大发脾气，失去理智，吵闹不休。如果一味坚持粗暴无理的态度，不但不利于问题的解决，而且还会引起食堂工作人员的反感，造成学生与食堂工作人员之间的关系恶化。

（二）宿舍礼仪

在我国，全日制的高校基本采用学生住宿制。集体宿舍是学生的一个基本生活单位，也是学生课余休息的重要场所。学生有一半以上的时间要在宿舍里度过。所以，宿舍是大学生的“第一社会，第二家庭，第三课堂”，每一个大学生都有责任把第一社会风气搞好，把第二家庭生活过好，把第三课堂的课上好。

1. 保持宿舍卫生

宿舍是大家共同生活的场所。要创造一个整洁、美观舒适、充满生活情趣的生活环境，需要大家共同设计和保持。宿舍相对私密，其实在一定程度上也最能体现和反映这些学生的文化修养和思想修养。在寝室内应注意以下礼仪：

（1）讲究个人卫生，培养良好的生活习惯。被褥要折叠得整齐美观，衣服、鞋帽要整齐地安放在一定的地方。换下的脏衣服、脏鞋袜要及时清洗和晾干，未洗之前不可乱丢，要安置在隐蔽避嫌的地方，并将自己的其他物品归类安放整齐。

（2）自觉遵守值日制度，并爱护寝室内的公用物品。在每日值日和定期大扫除之后，还应共同做好保洁工作，以保证宿舍内没有杂物、纸屑、痰迹，门窗洁净，桌凳及公用物品摆放整齐。

（3）讲究环境卫生，做到垃圾入桶。窗外不是垃圾堆，不能向楼下倒污水、扔废物、摔酒瓶。

（4）保持水房卫生，不乱倒饭菜。水房卫生离不开大家，不要往水池里倾倒废物，剩饭剩菜要倒进泔水桶，以免堵塞下水道。发现堵塞后，要主动进行处理，必要时通知楼长或修理工，不可置之不理。

（5）保持厕所卫生，不乱丢废物。如厕时，大小便要入池，否则应用纸擦或水冲干净。脏纸或卫生巾等应投入指定的垃圾篓，以免引起堵塞。便后要放水冲厕。

2. 美化宿舍环境

宿舍可以分为两个部分加以美化，即室内公共部分和个人小天地。这两个部分的美化既要各具特色，又要协调一致。公共部分一般以花卉、盆景、书画、牌匾、工艺品等装饰，该部分确定了寝室的基调。个人天地的美化是对该基调的丰富和深化，要突出个人的生活情趣，富于幻想和创造，不拘泥于统一的形式。个人小天地一般用图片、手工艺品、玩偶、小型字匾来美化。个人小天地的美化要注意与整个宿舍的美化相协调，不要过于强调自己的个性，而破坏了整体的和谐美。在做墙面装饰时，切忌张贴或悬挂不健康的海报、照片，应努力营造大学生应有的奋发向上、多姿多彩的宿舍文化氛围。另外，宿舍的美化还应考虑季节的变化，夏天应注意清爽，冬天应充满暖意。例如，寒冬时节在案头放置一盆水仙，瓶中插上几枝蜡梅，会给整个宿舍带来春天的气息。

值得注意的是，无论个人还是公共部分的美化，都不可损坏门窗、桌椅、床及墙面。

3. 保障他人休息

宿舍是学生休息的唯一场所。如果得不到良好的休息，学生就会无精打采，这必然会影响到明天的生活，更谈不上好好学习。因此在宿舍中，必须遵守共同制定的文明公约和作息时间，养成良好的生活习惯。

（1）按时起床。现今校园里，总有一部分学生晚上不愿睡，早上不愿起，有的甚至旷操、旷课。有些学生起得晚，这样既影响自己的学习，也影响宿舍适时开窗通风换气。而另一部分学生起床太早，尤其是动作幅度比较大时，更使得别人欲起不忍、欲睡不成，时间久了就会造成他人心中不悦，甚至可能影响同学之间的关系。因事偶尔需要早起时，应提前向室友们打招呼。起床时要特别注意动作轻柔，尽量不要弄出大的声响，尽快离开宿舍，以免过多地影响他人睡眠。

（2）准时归宿。只有准时归宿才能确保在熄灯前洗漱完毕，按时上床休息。无论是为了在教室苦读，还是为了其他事情造成夜半归宿，干扰其他同学睡眠，都是非常不礼貌的。实在事出有因不得不推迟归宿，应该向舍友表示歉意，并努力把这种惊扰减少到最低程度。

（3）适时就寝。在学校规定的，或宿舍约定的就寝时间之前上床睡觉。应及时关闭光源、声源，不要使用电脑，或开“卧谈会”，妨碍他人睡觉。

（4）动作轻巧。当有人休息时，动作要轻，拿东西时声音要小，说话尽量耳语。当与舍友同睡高低铺时，晚上如实在睡不着，应适当减少翻转次数，以免殃及上铺或下铺。

（5）注意电话。休息时间，手机应置于振动状态，如有电话呼入，应到室外接听。如有宿舍固定电话，应由未睡者或距离最近者快速接听，避免吵醒所有的人。

4. 尊重个人隐私

生活在同一间宿舍，同学之间相互开放的程度很大，但不等于同学之间没有个人隐私和秘密。

（1）不要随便使用同学的用具，不要翻看同学的笔记、书籍和物品，更不能将同学的东西据为己有。如有特殊情况需要借用时，要事先打招呼，征得对方同意。东西用后要及时归还，若有损坏，要照价赔偿。

（2）不能翻看同学的日记，不能私拆、私藏同学信件。

（3）不可打探同学的隐私。

（4）当同学有亲友来访，谈论一些私事时，其他同学要适当回避。绝不能在一旁偷听，更不要插嘴询问。

（5）某同学离校去处理个人私事，对此，他人不该主动去打听，刨根问底，只要知道某同学向班主任或学校请过假即可。

5. 注意交流文明

语言是一个人道德情操和知识水平的反映，是人们的心灵之窗。古人云：“言，心声也；书，心画也。”如果说大学生平时对自己的语言还多少有些约束的话，那么一到宿舍，尤其是在“卧谈会”上，根本就是无所顾忌，语言不文明的现象表现得非常明显。有的同学脏话不离嘴；有的同学语言粗俗野蛮，稍不满意就出口不逊，轻则讽刺挖苦，重则彼此辱骂；有的同学语言庸俗，乐道男女私事，给同学起外号、打分、开不健康的玩笑；等等。语言的粗野无聊，是与大学生这个名称极不相称的。大学生在宿舍待人应谦恭有礼。早晨与同学、老师见面宜问一声“早上好”，晚上就寝前可相互道声“晚安”。在宿舍里如能坚持使用文明、礼貌、诙谐的语言，成员之间的关系必然和睦融洽，生活也会感到舒心、温暖。

6. 学会集体生活

集体生活和在自己家里生活不同，在宿舍随时都要谨记集体生活的规则。

（1）在使用水龙头、晾衣绳及电话等公用设施时，应尽量礼让他人。在使用中要小心谨慎。

（2）使用自来水要注意节约，使用完毕后要拧紧水龙头。

（3）节约用电，不违章使用电器。

（4）手机、录音机等音源的声音，不要开得过大，休息时应调到最小，如果可能最好使用耳机。

（5）如厕时，若门已坏、虚掩着，不能确定里面是否有人的话，应先敲门，核实后再进入。

（6）楼上的同学晾晒衣服要拧干，并尽量不要滴湿楼下同学正晾的衣物。

（7）不要过多地串门或在他人宿舍逗留过久，以免干扰他人正常的生活节奏。在午休或晚上休息时，拜访异性同学，应把对方请出来，而不是直奔异性宿舍，以免给对方的舍友带来不便。遇到同宿舍其他成员的友人来访时，应热情接待，不可表现出“事不关己，高高挂起”的态度。

（8）不在宿舍里从事商业性的营销。

（9）尊重楼长和其他管理人员，配合他们的工作。

（10）注意安全，离开宿舍时要及时关门、关窗，不要擅自将不认识的人或其他来访者引进宿舍，发现可疑情况要及时汇报。对上门推销的人员，不要轻信，也不要买盗版、走私物品。

四、活动礼仪

（一）开学典礼

每个新学年开学之际，学校一般要举行开学典礼。开学典礼是宣布新学年开始和欢迎新生入学的仪式。在开学典礼上，通常要介绍学校的基本情况，进行必要的入学教育，布置学校新学年的工作，动员全校师生员工为完成新学年的任务而奋斗。

为确保开学典礼的顺利进行，有关部门要事先做好以下准备工作：

1. 及时送发请柬

学校要在举行开学典礼前一周左右的时间内，将请柬送到或寄给当地领导机关和上级有关部门，邀请学校所在地的领导和上级有关部门负责人或代表参加。

2. 精心布置会场

学校要安排专人负责布置会场，把学校大礼堂或露天会场打扫干净。要制作好会标，会标可写“××大学××××年新学年开学典礼”或只写“开学典礼”四个大字。会标挂在会场主席台前幕（也称“大幕”）上边，两侧可配对联。主席台后幕正中挂国旗，国旗两边各插五面红旗，会场上还可插彩旗。会场内外可张贴一些标语，烘托典礼气氛。

在主席台上安排若干座位，座位前面放置会议桌，会议桌用桌布围好。主席台前可摆设鲜花，放置盆景。

要事先为主席台上的宾客安排好座次，用纸张打印好人名（或人名和职位），并插入专门的卡座中，立于对应的桌上。

每位宾客的桌前，还可摆放矿泉水或茶杯。

3. 做好准备工作

（1）做好大会发言准备工作。

开学典礼一般安排校长、教师代表、学生代表发言。有时也会邀请上级党政领导和有关单位、部门的负责同志发言。典礼筹备组应事先通知发言者典礼程序以及发言的长短、字数和次序。领导讲话和代表发言，都要事先准备好发言稿或打好腹稿。发言内容主要是围绕支持教育工作，振兴教育事业，稳步推行教育改革，尊师重教，提高全民族科学文化水平，努力培养社会主义建设人才的核心来进行。发言人要明确自己的身份，语言要简明扼要、铿锵有力，带有热烈祝颂的气氛。

（2）做好大会后勤服务工作。

典礼筹备组要物色若干名接待人员和工作人员。接待人员中的礼仪小姐可身披礼仪绶带，在校门口或会场门口接待来宾，为来宾引路、倒茶等；工作人员负责维持秩序、安全保护、会场记录（包括拍照、录像、录音）、车辆接送等工作。

（3）做好大会物质准备工作。

物质准备包括签名册和题词、作画所用的文房四宝，准备鞭炮、乐器、音响设备、音乐唱片或录音带等。有时，还需准备饮料、餐点或礼品。

一切与开学典礼有关的准备工作应按时就绪。届时，师生排队入场，分别在指定的位置落座。

开学典礼的一般程序如下：

第一，由主管教学的副校长或负责学生工作的校党委副书记主持，宣读来宾名单后，宣布大会开始，全体肃（起）立。

第二，唱歌或奏乐（国歌或学校校歌，有的要求升国旗）。

第三，礼毕后，校长或书记讲话（主要内容为新学期的计划和要求）。

第四，请上级领导同志和有关方面代表（包括教师代表、老生代表、新生代表等）讲话。

第五，全体起立唱国歌。

第六，主持人宣布开学典礼结束。

（二）毕业典礼

大学生、研究生以及学习班、培训班的学员，完成学习任务，经考试成绩合格时，学校及其院系或其他办学单位，要为成绩合格的学生发毕业证书或结业证书，并举行毕业或结业典礼。

毕业典礼的筹备工作，要按照各单位人力、物力、财力的条件确定其规格。要事先统一印好、填好毕业（结业）证书，盖上钢印。邀请参加毕业典礼的领导和来宾等事宜，以及典礼会场的布置等，可参照开学典礼的做法。

举行毕业典礼时，除了请上级领导、校方负责人讲话外，在安排师生代表发言后，还可邀请用人单位代表发言。

在毕业典礼上，教学单位可以简明扼要地总结几年来教学工作所取得的成绩和经验，总结教学工作中出现的先进典型事例和师生员工中的先进人物，总结教学工作中的某些不足、失误和教训。同时还可以通过为毕业生发证书、奖品等形式，对毕业生表示祝贺并提出希望。成功的毕业典礼活动，不仅能够增进师生之间的感情，而且还能够增进同学之间的友谊；不仅能够增进校内各部门之间的合作，而且还能够通过邀请上级和有关部门负责人出席的形式，使校外的人了解学校、熟悉学校、支持学校，达到尊师重教的目的。

（三）校庆典礼

校庆是学校成立日的纪念庆典，学校一般逢十年，即在它成立的 10 周年、20 周年、30 周年……之际举行庆典活动。校庆活动内容丰富多彩，包括请领导人和著名校友题词，筹办图片、文字、实物展览，筹办教学、科研成果展览，编写校史、校友名册等，出校庆专刊，印制校庆纪念品，组织学术讲座、校庆文艺晚会等。

举办校庆典礼，有助于增强师生的凝聚力，便利相关信息的传播，扩大学校的影响，因此，要认真做好校庆典礼的各项工作。诸如，提前发布校庆消息或广告，事先邀请有关领导和兄弟院校代表参加。校庆典礼的会场布置与活动，可参照开学典礼的做法。但在校庆典礼发言人名单中，应增加兄弟院校代表和校友代表。校庆典礼的气氛应隆重、热烈。

第三节　交友艺术

结交天下俊杰，架起友谊桥梁，沟通人情渠道，扩大信息来源，成为现代生活不可缺少的一部分。但是，人海茫茫，个人活动的时空有限，怎样才能找到和结交称心如意的朋友呢？

一、选择什么样的朋友

（一）选交志同道合的朋友

俗话说：“物以类聚，人以群分。”一些青年朋友来信说，交友难。其实，只要你留意，朋友就在你身边。因为除了家庭成员外，平时接触最多的是同学、同事。大家相互了解，知根知底。当然，彼此熟悉，并不一定就能成为朋友。但是，了解却是交友的前提。在知人的基础上，可以有选择地结交志同道合的朋友。

怎样和天南地北的文人学士结交朋友呢？这里仅略述笔者和山东大学蔡德贵教授交友的经过，供青年朋友参考。

1992年，在上海外国语大学主办的“中东文化与中东问题讨论会”上，笔者和蔡先生初次相遇。两人由于有共同的爱好，因而谈得很投机。我们从研究阿拉伯文化谈到留学埃及，双方的志趣与经历均有许多相似之处。分手之后，一直保持联络，互相切磋学术，交流信息。1993年，我们在杭州参加“阿拉伯与伊斯兰文化研讨会”时再次相遇，双方更加深了相互间的了解。两人彼此尊重，互相关心，格外珍惜这份友谊。分手后，以实际行动支持对方。1994年，湖北省外国文学学会和武汉大学出版社为笔者翻译的利比亚小说集举行研讨会，蔡先生在百忙中为大会寄来热情洋溢的书面发言；1996年，蔡先生在济南主持召开阿拉伯哲学研讨会，笔者为大会发去贺电。2005年，蔡先生应笔者的邀请来武汉大学进行学术交流，他的精彩演讲受到学生的欢迎和好评。此外，蔡先生积极为笔者主编的辞典撰稿，笔者乐意为他挂帅的科研项目译文……笔者和蔡先生的友谊在真诚的交往中不断加深，肝胆相照，情同手足。

好朋友要真诚相待，不为名利，取长补短，共同进步。好朋友要互相关心，想对方之所想，急对方之所急，尽可能帮助对方，希望对方在各方面均能顺利并取得成功。

（二）慎交异性朋友

现代青年与异性交往是很正常的。在学校和单位，异性在一起讨论问题、商量工作是常有的事。青年男女在学习、工作中交往，彼此以礼相待，互相配合，逐渐建立良好的关系。一些意趣相投的青年男女经常来往，关系日趋密切，还可成为互相信任的朋友。

生活中，不少互相信赖的男女青年作为普通朋友，长期保持着纯真的友谊。也有一些青年对对方由好感转为爱情。此时，不妨直接或间接地提出来，如果对方赞成，双方就可以深入交往；对方若不愿意，不要纠缠，不要强人所难，强扭的瓜不甜。不同意深入交往的一方，则应以婉转的语气明确表明自己的态度，不要模棱两可。无论是自己熟悉的异性，还是别人介绍的对象，欲与对方建立恋爱关系时，均要讲究方式。例如，马克思向燕妮求爱时说，我已经看中了一位姑娘，她的照片就在小匣子里，你想看看吗？燕妮打开小匣子，发现里面放着一面镜子，镜子照见自己美丽的面庞。这种求爱方式是多么绝妙啊！

男女青年情投意合，建立恋爱关系。双方要特别注意自己的形象，尽量保持轻松、愉快的心情。谈恋爱时，男青年不必过分拘谨或粗野，女青年也不要过分矜持或随便。

在现代文明社会，男女婚后仍可与异性交往，夫妻双方都应持开明的态度，互相理解。但是，婚后与其他异性交往与婚前应有所区别，要掌握好分寸，不要超出友谊的界限。

（三）善交有真才实学的朋友

常言道：“三百六十行，行行出状元。”的确，各行各业都有佼佼者，其中的出类拔萃者成为名人，因而受人尊敬和羡慕。善交有真才实学的朋友，可以使自己受益匪浅。

笔者的朋友利比亚文豪阿里·米斯拉提才华横溢，著作等身，在阿拉伯世界和欧洲享有盛誉，其优秀作品被翻译成英文、俄文、德文、法文、日文等多种文字。当年，笔者钦佩这位在利比亚文学、史学、新闻等领域均做出重要贡献的文化名人，并希望能有机会结识他。

1987年，笔者在参加利比亚历史所举办的一次学术活动中，见到了米斯拉提教授，并与教授进行了面谈。笔者首先做了自我介绍，并礼貌地提出采访他的愿望，教授欣然应允。之后，我们相约会晤，畅谈中国人民和阿拉伯人民的传统友谊，笔者向米斯拉提教授介绍了中国在世界史方面的研究，并一起讨论中国文学、利比亚现代文学的发展，其中也谈及他的小说的艺术特色……我们在相互了解的基础上建立了信任和友谊，后来成为忘年交。笔者在利比亚期间，米斯拉提教授还主动牵线搭桥，安排笔者会晤其他利比亚文化界名流。其中不少人后来成为笔者的挚友。

回国后，笔者和米斯拉提先生天各一方，两人之间通过书信、电话传递友谊，交流信息。如果说信件是联系友谊的纽带，贺年片是保持友谊的环节，那么，脚踏实地，在工作和学习中不断充实自己，多干实事，则是发展友谊的推进器。

20世纪80年代，鉴于中国利比亚文学译介工作尚处于垦荒阶段，笔者利用业余时间著书译文，将利比亚重要作家的生平及代表作介绍到中国。这样做，一方面使中国读者得以欣赏利比亚文学作品；另一方面，当利比亚朋友看到其作品被译成中文时，其激动的心情可想而知。每当收到他们寄来的一封封字里行间流动着欢欣与友情的信件、一本本富有价值的新作时，笔者的心情也异常激动。这种情谊在中国与利比亚文化交流中得到升华。

交友要知友，要尽可能了解朋友的各方面成就，多看朋友的优点、闪光点；交朋友要交心，坦陈自己的心声；交友要互相帮助，细心维护友情，通过实际行动，让友谊之树常青。

二、如何与人交往

人与人相处，贵在真诚。但仅有真诚还远远不够。具体可从以下几点入手：

（一）魅力展示

魅力展示的核心是：通过展示自己个人的魅力，吸引对方，使对方对你产生好感，愿意接近你，从而逐渐建立良好的人际关系。这是一种看似被动，实则主动的交际方法。

展示自身的魅力可以从两方面努力：一是外在形象魅力的展现，二是注重内在魅力的培养和发挥。外在形象魅力主要是指外貌的俊美、服饰的适宜、言谈的优雅、举止的得体，以及传情的目光、动人的微笑等。在首次交往中，外在形象魅力的作用最为明显。内在的魅力主要是指良好的气质、独特的个性、丰富的学识、出众的才华、高尚的品德等。

展示魅力的关键在于“形象定位”，做好自身的形象设计，要注意以下几点：

（1）不要企求形象完美。

（2）要显示自己的亮点，表现最有个性、最有魅力之处。

（3）内外形象要和谐统一。

（二）“三A”法则

交往的过程是一种双方满足需求的过程。在交往的过程中，主要是要设法满足对方的精神需要，比如尊重需要、自我需要（所谓“自我需要”，按照马斯洛的说法，就是自信、自主和自负）以及自我实现需要。当代美国著名的人际关系专家莱斯·布吉林，经过多年的研究和实践，发现人们最渴望三样东西：接受（acceptance）、赞成（approval）、重视（appreciation）。他说，满足人的这三个方面的需求，是受人欢迎的三大秘诀，简称“三A”法则。

1. 接受

接受对方是指让对方保持原有的本色，不要求全责备。接受的前提是理解。要知道每个人都有缺点和不足，都可能做错事，但也许他的缺点也正表现了他的优点，他做错事只是因为他一时感情冲动。比如，一个人说话太直率，容易伤人，但这也正可说明他为人正直，只是说话的方式欠佳。

2. 赞成

人人都有自我需要，并且不同程度地存在着自信、自负的心理倾向，希望得到别人的赞美。因为赞美意味着成绩被肯定，意味着优点被发现，意味着良好的自我感觉被证实。因此，赞美是人们所喜爱的最积极的东西。它能鼓舞人，激励人，改变人，塑造人。

3. 重视

重视意味着价值的提高。与他人交往时，你要让对方知道，你看重他，让他感觉到自己是重要的、有价值的，这可以大大激发对方与你交往的热情。在交际中，有许多言行可以体现对他人的重视。比如，认真听对方讲话，向对方请教问题，请求对方的帮助，对他人寄予厚望或委以重任。

“三 A”法则是建立在“满足他人需求”这一交际宗旨之上的。一个人如果能提供他人三个最喜爱的“食物”——接受、赞成、重视，那么，他就是一个成功的交际者，一个受人欢迎的人物。

（三）接近吸引

交际双方在许多方面的类似或接近，能加强相互间的吸引力，并可能建立起亲密的人际关系。这就是交际的“一致理论”或“类似性效应”。

相互接受或类似性的因素包括：

（1）时间、空间上的接近。例如：年龄相近、经历相似，这是时间上的接近；居住地相近、同属一个国家、籍贯相同等，这是空间上的接近。

（2）兴趣、爱好上的接近。例如，都喜欢旅游、爱听音乐、爱好书法、爱下象棋或都喜欢钓鱼等。

（3）职业背景的接近。例如，同是教师、公务员、医务工作者、演员、IT 行业职员等。

（4）信仰、态度上的接近。例如，都信佛教、基督教，都赞成某件事或反对某件事，态度基本一致等。

（5）心态上的接近。例如，都因下岗心情沮丧，都是乐观向上的人，都是心态平和的人，都受婚姻家庭问题困扰而郁郁寡欢等。

在交际的过程中，要善于寻找和挖掘对方所具有的类似性因素，以便于进行快速、有效的沟通。

（四）互补吸引

性情相投、志趣相同的人可以结为朋友，而爱好各异、性格不同的人也可以结为至交，这是互补因素的作用。互补的形成有如下几种：（1）能力的互补；（2）职业、爱好的互补；（3）性格、个性的互补。

下列这样一些不同个性和性格的人，都可以互补，并结为伙伴。

（1）支配型、关怀型与依赖型、顺从型；（2）自信自强型与优柔寡断型；（3）压抑型与对抗型；（4）急躁型与耐心型；（5）倔强型与柔顺型；（6）阳刚型与阴柔型；（7）外向型与内向型；

（五）巧用时间

1. 尊重别人的私有时间

任何人都有自己的时间间隔（时间占有范围），人们在自己的这段私有时间内，休息、睡眠、就餐或干自己想干的事，不希望他人打扰。

2. 在正常交往时间内交往

例如，茶余饭后、节假日或对方闲暇之时，你可以与对方约会、前往访晤或主动邀请对方。由于对方心情舒畅，环境和谐，故易于加深彼此的了解。

3. 在特殊的交往时间内适时交往

同欢乐，共患难，这是朋友间交往的一个基本准则。若把这个准则应用到与他人的交往中，则能使交往变得十分有效。当对方在事业上取得成功，或遇有婚嫁、添子、乔迁之喜时，应适时地给对方以祝贺、赞扬或进一步的鼓励，共同分享欢乐；当对方事业不如意，或生活上遇到困难、挫折、灾祸打击时，应尽快给予理解和关心，帮助对方克服困难，摆脱痛苦，战胜挫折，鼓起勇气。

4. 准时赴约，不要让别人久等

不准时赴约，是对他人的一种不尊重行为，会引起对方的失望和不满。如果你希望在愉快的气氛和情绪下进行交往，那么请切记：不要迟到，更不要让人久等。

5. 把握交往频次和交往时间

交往频次和交往时间长短是影响交往有效性的重要因素。一般情况下，交往频次越多，越容易建立交往关系，彼此相悦的程度越高；交往历史越长，了解越深，交往的效果越好；每次访晤、相聚的时间越长，也越有利于交往。

三、交友禁忌

在社交活动中，不仅要了解应当怎样做，还要知道哪些事不能做。那些不能做的事情，便是社交中的禁忌。

（一）忌开玩笑过度

朋友、熟人之间适当开开玩笑，可以活跃气氛，融洽关系，增进友谊。但开玩笑要适度，要因人、因时、因环境、因内容而定。

1. 开玩笑要看对象

俗话说："大千世界，无奇不有。"人的性格不同，开玩笑的分寸就要不一样。和宽容大度的人开点玩笑，或许可调节气氛；和女同学、女同事开玩笑，要注意适可而止。

2. 开玩笑要看时间

俗话说："人逢喜事精神爽。"开玩笑，最好选择在对方心情舒畅时，或者当对方因小事生气时，通过开玩笑把对方的情绪扭转过来。

3. 开玩笑要看场合、环境

在图书馆、医院等要求保持肃静的场合，不要开玩笑；在治丧等悲哀的气氛中，不宜开玩笑。

4. 开玩笑要注意内容

开玩笑时，一定要注意内容健康、风趣幽默、情调高雅。在社交活动中，忌开庸俗的玩笑。千万不要拿别人的生理缺陷开玩笑。

（二）忌随便发怒

在社交活动中，人们都愿意与性格豪爽的人交往。在社交场合，除非是原则问题，否则不要争得面红耳赤。一般来说，不要为一些鸡毛蒜皮的小事生气，勃然大怒，甚至翻脸，要表现出有气量、有涵养。俗话说："气大伤身。"发怒不仅会伤害自己的身体，对自己的形象也有不良的影响。动不动就生气的人，也会失去朋友。

（三）忌恶语伤人

所谓恶语是指那些肮脏污秽、奚落挖苦、刻薄侮辱一类的语言。口出恶语，不但伤人，而且有损自身形象。

俗话说："良言一句三冬暖，恶语伤人六月寒。"因此，在社交活动中，应当尊重人，温文尔雅，讲究语言美，而不要自以为是、出言不逊、恶语伤人。

（四）忌飞短流长

在社交活动中，应以诚待人、宽以待人。要与人为善，而不要打听、干涉别人的隐私，评论他人的是是非非。不要无事生非、捕风捉影，也不要东家长、西家短，更不要传播小道消息，把芝麻说成西瓜。说话要有事实根据，不能听风就是雨。

（五）忌言而无信

社交活动最重视一个"信"字。言而有信者，会得到大家的尊重；言而无信者，会失去大家的信任。在社交场合中，说话要算话，绝不食言，要言而有信、行而有果。

（六）忌衣冠不整

俗话说："人不可貌相，海水不可斗量。"可是在社会上，以貌取人、以衣取人的情况时有发生。因此，外出时要衣冠整洁，以便给人良好的"第一印象"。

（七）忌忘恩负义

俗话说："滴水之恩，当涌泉相报。"中国人一贯讲究知恩图报。当你有困难时，别人帮助过你，不应忘记，有机会时一定要报答别人的恩情，千万不要忘恩负义，更不能恩将仇报，否则的话，再也没有人愿意向你伸出援助之手。

（八）忌不尊重女性

尊重妇女，是每一位有教养的男士都应具有的品格和风度。在社交场合，男士应尊重女士，照顾女士，时时处处遵守"女士优先"的原则。若在社交场合摆大男子的架子，不给女士应有的尊重，或当女士需要帮助时视而不见或袖手旁观，必然会受到众人的批评。

第四节　交通礼仪

行路有礼，出行文明。走路行礼不仅是安全的需要，也是一个人修养的体现。

一、遵守秩序，出行文明

（一）行路礼仪

1. 注意形象，保持仪态

保持身姿挺拔，平视前方，步伐稳健，步幅均匀，步履轻盈，摆臂自然；不可前合后仰、东倒西歪，亦不可勾肩搭背、嬉戏打闹；行路时，不食物、不吐痰、不扔物。

2. 遵守法规，各行其道

横穿马路，应等到绿灯亮起时再过，要走地下通道、过街天桥或斑马线，闯红灯害人又害己。

如果路口没有信号灯，应看清过往车辆，再行通过。不要跨越马路上的栏杆，既违反交通法规，又很不安全。

3. 多人并行，讲究位置

两人或以上在路上并行，位置有讲究。一般地说，两人并行时，尊贵、安全的位置是在人行道的内侧，应把尊贵、安全的位置留给长者、尊者、女士；在非通道，三人并行时，尊贵的位置则在中间；当四人同行时，不应同排并行，最好前后两两并行，这样才不至于影响他人。

4. 路遇朋友，热情有度

路遇朋友、熟人，可到路边，或边走边谈，不可站在路中，声音亦不可过大。路遇异性朋友，应举止有度，对认识不久的异性，点头示礼即可。

5. 问路有礼，乐于助人

出门行路免不了要问路。问路要用礼貌用语，忌用“喂”“嗨”等不雅称呼。别人指路后应致谢。若遇到他人问路，要热心相助，自己不知道应如实相告，并向对方致歉。

6. 相互礼让，与人方便

人行道行走，应主动给老、弱、妇、幼、病残者让路。不要抢道，横冲直撞，如有急事需要超越他人，也应注意小心，以免打扰他人。如果不小心踩了别人的脚或撞到别人的身体，应及时赔礼致歉，若是别人踩了你的脚，应能容忍别人，不要大声斥责。人们在行走中常常提着东西，要留神不要让东西阻挡或碰撞了他人。提东西一般用右手，最好不要左右开弓。多人并行，携物者应走在外侧。男士与女士同行时，应主动为女士提物，但女士随身带的坤包不在此列。

7. 旅行游览，遵守公约

如不要着奇装异服，不随地抛物、乱刻乱画、触摸攀摘、违规拍照；尊重风俗文化，去寺庙道观教堂，应着装端庄，低语肃穆。

中国公民国内旅游文明行为公约

营造文明、和谐的旅游环境，关系到每位游客的切身利益。做文明游客是我们大家的义务，请遵守以下公约：

1. 维护环境卫生。不随地吐痰和口香糖，不乱扔废弃物，不在禁烟场所吸烟。

2. 遵守公共秩序。不喧哗吵闹，排队遵守秩序，不并行挡道，不在公众场所高声交谈。

3. 保护生态环境。不踩踏绿地，不摘折花木和果实，不追捉、投打、乱喂动物。

4. 保护文物古迹。不在文物古迹上涂刻，不攀爬触摸文物，拍照摄像遵守规定。

5. 爱惜公共设施。不污损客房用品，不损坏公用设施，不贪占小便宜，节约用水用电，用餐不浪费。

6. 尊重别人权利。不强行和外宾合影，不对着别人打喷嚏，不长期占用公共设施，尊重服务人员的劳动，尊重各民族宗教习俗。

7. 讲究以礼待人。衣着整洁得体，不在公共场所袒胸赤膊；礼让老幼病残，礼让女士；不讲粗话。

8. 提倡健康娱乐。抵制封建迷信活动，拒绝黄、赌、毒。

(二) 行车礼仪

现代社会，人们出行更多依赖于汽车。我国为汽车大国，车是越来越多，路却越来越堵，为使交通更加顺畅，社会更加和谐，除了交通规则外，还应该遵循一些礼仪规范。

1. 遵守规范，明确标识

标志与灯号就是用来保障平安以及维护道路秩序的，无视它就是藐视自身与他人的安全。例如无视前方提示连续弯道，不重视黄灯闪烁硬是加速冲过红绿灯等很有可能导致事故发生。

2. 理性驾车，文明礼让

恶意逼车招致危险的概率相当大，严禁在行驶过程中进行恶意逼车。

3. 低速让行，不可压车

当你成为领路车时，请自行打灯靠向路边让出路权。特别是在你的车速明显低于速限许多，后方排队并且有示警，就请你靠向路边先让他人通过。

4. 超车有度，各行其道

大车、小车、公交车，各行其道。高速公路最内侧车道为“超车道”，使用的时机为“超车时”以及“车辆于不堵塞行车的状况下，得以该路段容许之最高速限行驶”，否则是不得使用最内侧车道的。

5. 下雨缓行，照顾路人

下雨天驾驶或者经过路面积水时，应缓慢行驶，防止把水溅到路人身上。

6. 远近灯光，推己及人

夜间会车时，应该主动调成近光灯。多照顾他人的感受，减少事故发生率。

7. 随手抛物，祸从中来

不要对着车外吐痰或者抛掷杂物、垃圾。看似小事，影响可是相当巨大的，除了环境污染以外，也可能增加交通事故发生概率。

8. 文明停车，合规合情

请在合法地方，按规定停车。如在人家门口、交通通道停车，或一车占两位，靠他人车太近等，容易擦车、造成堵塞，轻则吃罚单，重则可能在发生紧急事件时，影响救灾救难。

9. 温和出行，喇叭少鸣

在没有明确禁鸣喇叭的区域，也应尽量少按、轻按喇叭；每次按喇叭的时间也应尽量短。按着不放、连按、没事就按，这些都属于挑衅行为，很容易造成其他车主或是附近人员的不满。

10. 飙车危险，噪声扰民

如果你是改装车或者开着跑车，排气声音很大，请不要在住宅区、校区、医疗院区拉高转速，制造声响。

二、搭乘车船，遵守公德

古人说，“在家千日好，出门一时难”，出门在外，搭乘公共交通工具，如乘车、乘船、乘飞机，也有诸多礼仪、礼节。

（一）乘公共汽车礼仪

公共汽车是城市居民最常用的交通工具。平时上下班，双休日上街购物，通常都乘坐票价便宜的公共汽车。乘公共汽车应讲究以下礼仪：

1. 自觉排队

乘客乘坐公共汽车应自觉排队，依序上车。在中间站，车靠站后，乘客要先下后上，或从前门上后门下。应主动让老弱病残、妇女儿童先上。上了车的乘客应酌情向车厢内移动，不要堵在车门口，以免妨碍后面的乘客上车。

2. 自动购票

乘客上车后应自动购票或出示月票。下车前，应自觉地向售票员出示车票、月票。在不少城市，绝大部分公交车为无人售票车，乘坐无人售票车时应自觉刷卡，或将事先准备好的钱币投入箱内。

3. 互谅互让

在车上遇到孕妇、病人、老人和抱孩子的妇女，有座位的年轻乘客应主动让座。当他人给自己让座时，要立即表示感谢。车上人多时，乘客之间难免拥挤和碰撞，大家都应表现出高姿态，互相谅解。乘客还应尊重司机、售票员的劳动。此外，乘客应注意乘车安全，例如，不要在车上打毛衣，不要将雨伞尖朝向他人，淋湿的雨伞用塑料袋包好，以免弄湿地面。

4. 注意卫生

乘客在车上不要吸烟，要讲究公共卫生，不要随地吐痰、乱扔果皮纸屑。随身携带机器零件或鱼、肉等的乘客，应将所带物品包好，以免弄脏其他乘客的衣服。

（二）乘轿车礼仪

随着城市出租车的普及和私家车的增多，轿车已成为人们常用的交通工具。因此，乘客应当了解轿车有关知识，讲究乘车礼仪。

轿车上的座位有尊卑之分。一般说来，如果是专业司机开车，车上最尊贵的座位是后排右座，其余座位的尊卑次序依次是：后排左座、后排中座、前排右座。此时，贵宾坐在后排右座。但是，如果是轿车主人开车，贵宾也可以坐在前排右座（副驾驶座），以便交谈（见图 3-1）。

亲友一同乘车时，男士和晚辈应当照顾女士和长辈，请他们先上后下，并且为他们开关车门。女士上轿车时，可背朝车门轻轻坐到座位上，然后双腿并拢进入车内。下车时，最好双脚同时着地，不要一前一后。乘出租车时，若无特殊情况，乘客宜坐在后排。乘客应当尊重出租车司机，一般情况下，不要催促司机加快车速，也不要对司机的驾驶技术说三道四。乘客下车时，应向提供优质服务的司机道谢。

（三）乘火车礼仪

乘坐火车应讲究以下礼仪：

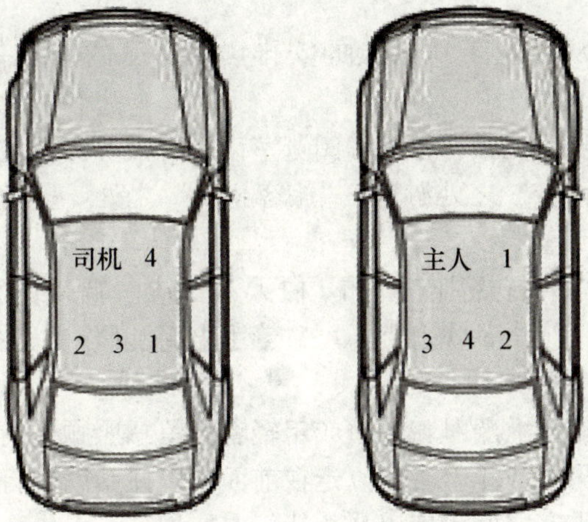

图 3-1 乘轿车礼仪

1. 对号入座（卧）

乘坐火车的旅客，应提前到火车站候车，到时排队检票上车。进车厢后应对号入座（卧），不可占用别人订好的座位（铺位）。

2. 互相关照

旅客上车后，应迅速把携带的物品安放在行李架上，而不要把提箱、包裹等乱放在车厢通道上，以免影响通行。吸烟者不要在车厢内吸烟，可在两节车厢连接处吸烟。乘坐动车、高铁时禁止吸烟。

旅客之间的寒暄、交谈应掌握好尺度，不要随便打听别人的收入等私事。与人聊天时，不要信口开河或大声讲话。打扑克牌时，不要高声喧哗，以免影响他人休息。

（四）乘地铁礼仪

随着国民经济的发展与科学技术的进步，我国北京、上海、深圳、南京、武汉等许多城市均修建、开通了地铁。现代交通工具地铁准时、便捷、安全，受到大众的喜爱。乘坐地铁应讲究以下礼仪：

1. 先下后上

候车时禁止越过黄色安全线或倚靠屏蔽门；按线排队候车，先下后上；车门或屏蔽门开关过程中，禁止强行上下列车；车门或屏蔽门关闭后，禁止扒门。

2. 注意仪态

禁止在地铁站、车内追逐打闹；禁止在站台、大厅、出入口、通道久留，禁止在出入口平台上坐卧。

3. 讲究卫生

不得随地吐痰，乱扔果皮纸屑，在车厢内吃喝。

4. 保持安静

乘坐地铁时，交谈应尽量轻声细语，不要高声喧哗。使用手机通话时，不要大喊大叫，以免影响其他乘客。

（五）乘客轮礼仪

乘坐客轮应讲究以下礼仪：

1. 遵守规则

乘客上船后，应听从客轮工作人员的安排，到自己的铺位休息，而不要任意挪动铺位。

乘客可在甲板上散步、观景，也可去阅览室读书看报等。但注意不要随便闯入别人的客房，更不要到“旅客止步”之处游逛。“旅客止步”之处，多为船员或工作人员工作或休息的场所。

乘客乘船时还应遵守航行规则。例如，白天不要站在船头或甲板上挥舞衣服或手帕，以免被其他船只误认为打旗语；晚上则不可拿着手电筒乱照，以免被当成灯光信号。

2. 彬彬有礼

乘客应依序排队上船。上船时，男士或年轻者应留意照顾同行的女士和年老者，让他们走在前面。下船时，男士或年轻者可以走在前面，以便帮助同行的女士和年老者下船。

乘客要尊重船员，乘客之间也应以礼相待，友好相处。

（六）乘飞机礼仪

乘国内航班应提前半小时到达机场，乘国际航班则需要提前一小时到达机场，以便有足够的时间取登机卡，办理托运行李手续等。

上下飞机时，均有空中小姐和其他机组人员站在机舱门口迎送乘客。乘客进出舱门时，应向热情迎送的机组人员表示感谢或点头致意。

飞机起飞或降落时，颠簸较厉害。为安全起见，乘客看见头顶上方“系好安全带”的信号灯亮时，应迅速系好安全带。

在飞机上使用盥洗室时，动作要迅速，并注意保持其清洁，把用过的纸巾扔进收集脏纸巾的容器内。

乘国际航班，航程较长。在座位上坐久了感觉疲劳时，可以放下座椅靠背仰身休息。在经济舱，放座椅靠背之前，应先看看后面的乘客是否正在饮食，最好等他（她）用餐完毕已不需要座椅后面的托板时，再缓缓放下自己的座椅靠背。

一些飞机的机尾处设有吸烟区。吸烟的乘客取登机卡时，应说明自己是烟民。坐在“禁止吸烟”区的乘客如果要吸烟，应起身到机尾处的吸烟区吸烟。当飞机上亮出“请勿吸烟”的信号时，正在吸烟的烟民应迅速把烟熄掉。

本章要点

本章论述了在家庭、学校、出行、公共场所及交友礼仪。无论对方是自己的亲人，还是老师、同学，或者是陌生人，都存在相处礼仪，尊重是第一要务。出行则应遵守公共秩序，礼让他人，爱护环境。做一个懂孝道的子女、讲礼貌的学生、有素养的公民。

思考训练

一、思考训练题

人际交往是一门学问，务必讲究交往艺术。应该如何与人更融洽地交往？结合下面三点，分别说说你的看法。以小组为单位，进行五分钟演讲。

1. 刺猬理论——距离适宜，找到那个既舒适又温暖的方式，让他人和自己身心愉悦。

2. 孔子借伞——和人交往，要知道别人的短处和长处，不用别人的短处来相处和考验，否则友谊不会长久。

3. 长板理论——看人长处，欣赏包容，发挥优势，合作共赢。

二、案例分析题

中国“文明古国”“礼仪之邦”的美誉，被少数国人渐渐遗忘，甚至屡屡践踏。看完以下报道，你对公共场所某些人的做法有何感想？并希望自己做怎样的改变？

世博园的不和谐音

2010 年 5 月 25 日，一封署名为“刘辰子”写给上海市领导的信经媒体报道后，引起了社会的强烈反响。

这位上海音乐学院的应届毕业生，在信中痛陈了她在世博园中看到的种种假借轮椅、滥用绿色通道的不文明现象，并希望政府尽快采取措施遏制不文明行为，“维护上海这座城市的形象，向世人展示我国国民素质的提高和软实力的提升”。

复旦大学的一位教授认为，体面是一种感觉，少数人缺乏“公共场所感”，在公共场所不懂得采取适宜的行为。举办世博会是件好事、体面事，说明中国经济发展了，但少数人还没有建立起与经济发展成就相匹配的“体面”。

三、阅读思考题

礼仪的核心是尊重，即自尊和敬人。我们不能只要求别人尊重自己，而很少考虑别人的感受。尊重不是挂在嘴上、写在书上，而是体现在具体的小事上、细节上。礼仪的特点是为他人着想，人际交往的最高境界是保持舒适的空间距离和心理距离。对于以下这篇文章，你有何看法？请写一篇 500 字的短文交流讨论。

夫妻担心宝宝吵闹 向同机乘客献上耳塞糖果在网上走红

2020 年 10 月 12 日，一对上海夫妇带着一岁多的孩子乘飞机到成都旅游，由于担心途中孩子哭闹会吵到其他乘客休息，于是特意准备了耳塞、糖果和暖心小卡片送给同行乘客。

夫妻俩拍下视频发出后，在网络上走红，不少网友表示赞赏，认为“有这样高素质的父母，孩子也不会差”。但也有部分网友评论，“这样的事件以前看到过”，质疑这对夫妻是在效仿别人来进行炒作、营销。

面对少数网友的质疑，孩子母亲鲁女士表示：“效仿就效仿吧，好的事情，大家都去效仿不是更好吗？”

第四章 职场礼仪

学习目标

了解职场礼仪基本规则；
自觉遵守职场各项礼仪，处理好与领导、同事及服务对象的关系；
营造良好的职场环境，发挥专业所长，实现人生价值。

案例导入

某著名国企校招一名总部办公室文秘。经过层层选拔，最后前来面试的应聘者，既有来自名校的应届毕业生也有来自普通高校的应届毕业生，总计十余名。在等候区里，可以看见一些同学身着休闲装，甚至是彰显时尚的"洞洞裤"，或走来走去，或随意而坐，与他人谈笑风生，自信满满；也见一些人身着正装，端坐桌前，专注不语，显得拘谨而慎重。

轮到面试时，大多数同学反应迅速，站起来就走，敲门后就进，见椅子就坐，有问题就答。回答问题时，有些同学低头不语，吞吞吐吐，不知所措；也有同学东拉西扯，滔滔不绝。

但有位同学的表现，却让面试单位眼前一亮，印象颇为深刻。他留着不长不短的头发，干净利落；洁净而平整的深色正装，很显职业素养；进入大门前问候工作人员；进入面试区礼让同行的同学；在等候区，时而与身边同学轻声细语，时而独自静坐深思；在听到叫自己名字的时候，含笑回应一声"谢谢"，然后轻缓起立，整理好衣衫后前往面试区；敲门后等到回应方才进门；进门时行了一个标准的鞠躬礼；抬首挺胸又温文尔雅地走至面试官面前；站定后含笑问好；得到面试官"请坐"的指令，鞠躬道谢后缓缓落座；安静正坐，目光看向面试官，等待面试官；回答知晓的问题时，不慌不忙，娓娓道来，回答不清楚的问题时，明确告知面试官自己了解不多，是否可以尝试回答一下；每回答完一个问题时，都会说声“谢谢”；面试结束时，起立面向每一位面试官鞠躬，并真挚道谢；离开时先退后两步，再转身离去；出门时再次转身微笑致谢，并保持门原有的状态。

几位面试官最后意见高度一致：录取这位并非来自名校的应届毕业生。

案例分析：

通过这则案例我们不难发现：一是当代大部分大学生对个人礼仪修养重视不够；二是大学生的礼仪修养已成为社会和用人单位的重要关注点。社会文明程度的不断提高，要求大学生不仅要“知书”，还要“达礼”。可以说，礼仪是当代大学生求职的“突破口”，进入社会的“通行证”，取得成功的“助推器”。

学习内容

职业生活是人生的重要阶段，人生价值主要靠职业活动得以实现。无论是求职，还是就业，无论是公务活动，还是商务接待，都有其特定的礼仪规范。只有遵守职场礼仪，方可成就职业人生。

第一节　求职礼仪

随着社会主义市场经济体制的建立，就业制度已经发生深刻的变革，求职者与用人单位实行双向选择成为大势。即将毕业的大学生都会面临就业的问题，而一些已经工作的人也会面临再次择业。怎样才能找到称心如意的工作呢？求职者的知识和能力固然重要，但仅凭技能还不够。不少才子、才女在人才市场上屡屡碰壁的教训让人深思，他们并不是庸才，可由于缺乏求职技巧，不懂求职礼仪，理想的工作常常与他们擦肩而过。因此，求职者应当学习和掌握求职知识、技巧和礼仪。

一、收集资讯

（一）选择单位

所谓比较理想的工作，是指那些既符合本人兴趣又能发挥自己专长的职业。例如喜欢舞文弄墨者，可以选择需要写作能力强或文秘人员的单位；而乐于经商者，则不妨去贸易部门竞争职位。

求职前，首先要利用各种途径广泛收集人才需求信息，以便对号入座。既可通过官方、校方、厂方和人才供需见面会、人才交流会等渠道了解招聘情况，也可以从广播、电视、报刊、网络、人才市场、劳动力市场、职业介绍所等各种媒介中捕捉就业信息，还可以拜托亲朋好友、老师、同学、老乡等帮忙打听、联系工作。然后，将收集到的信息进行整理，从中筛选出有针对性的信息。

选择单位也有诀窍，究竟选择蒸蒸日上的大公司还是蓬勃发展的小企业？对个人而言，单位名气大小、实力强弱并不是最重要的，关键是看用人单位能否给自己一个发挥才能的机会和拓展事业的空间。只要有发展前途，中央机关、省直机关、国有企业、“三资”企业、集体企业、乡镇企业和民营企业等，都可以纳入自己的视野。

求职者一旦选择好了理想的工作单位，不妨立刻联系。可先电话预约，后直接到用人单位面谈。进行电话联络时，要讲究交谈方式，做到语气亲切，语言简明，声音高低适度。因为声音往往可以反映出一个人的年龄、态度、个性等。与用人单位联系，也可以先放一只试探性气球，寄去个人简历和求职信，看对方是否有意。

（二）联系单位

求职者与用人单位联系时，要讲究策略。求职材料寄出后，应等一些时日再询问结果。若急不可耐地催促用人单位，会让对方产生反感。若材料寄出很久没有回音，则可去信询问。

有时还可以主动出击。例如，美国著名教育家卡耐基先生的一位朋友就是靠胆大心细，才得以进入一家知名的广播公司服务。当时，有多家公司请他“静候佳音”。他觉得“守株待兔”不是办法，于是开始主动进攻。他用十分冷静的语气打电话询问一家大公司：“本人想询问一下贵公司是否还在征求助理制作？”他前后共打了10次电话，每一次的答案都是一样：“对不起，我们部门没有招聘任何人员。”他还是不甘心，继续打，终于有人告诉他：“你可以跟特拉多先生或是杜尔先生联络，我们已经开始进行面谈了。”另有人回答说：“是的，我们正在招聘助理制作，您可以和崔斯基先生谈谈。”在面试的时候，主考官问他，如何得知这个机会？公司并没有向外界透露消息，原打算由内部人员递补。他回答说，他打了多次电话查询，终于得到消息。主考官点头笑着说：“这种锲而不舍的精神真是令人敬佩。”

求职并非易事，若遭拒绝不必沮丧，再联系其他单位。

找工作，能够学以致用最好。若无合适单位，则不妨变通一下，不要把自己牢牢地限制在一个狭小的专业圈子里，“退一步海阔天空”。如学历史专业的，既可以选择教育部门，当一名历史教员；也不妨与报社、杂志社、出版社联系，从事编辑工作；也可到机关、企业等单位做行政工作。联系面越宽，机遇就越多。当用人单位觉得合适时，就会通知求职者面试。

二、求职准备

要找到合适的工作，求职者除了广泛收集信息外，还应做好充分的求职准备。

（一）思想准备

1. 正确评价自己

求职者要实事求是地评价自己，既不盲目自大，也不妄自菲薄，知道自己的长处和短处，在面试时扬长避短。

2. 了解单位情况

“知己知彼，百战不殆。”面试前要通过多种渠道了解应试单位的主要情况，如单位名称、单位性质、单位规模、声誉、工作条件等。对应试单位了解越多，成功的概率就越大。

3. 心理预期适中

“求上得中，求中得下”，事情的结果往往与预想的有一定差距，要有从最坏处着想、向最好处努力的思想准备。如果对理想职位期望值过高，势必会对较不理想的结果过分恐惧而产生不必要的紧张，进而无法正常发挥。事实证明，适度的紧张有益无害，会让人更严肃，注意力更集中；但过度的紧张只能破坏心理平衡，使头脑迟钝、思维混乱、发挥失常而导致失败。同学们要树立“先就业，再择业”的观念，降低期望值，在与期望不符时，先选一份工作干起来，积累工作经验，为后续发展做准备。即便应聘不成功，也要放平心态，把它当作一次有益的尝试。要坚信“天生我材必有用”，大方、坦然地面对求职应聘，这样才不会过于紧张，从而在应试中举止得体、思维敏捷、妙语连珠。

（二）物品准备

求职应聘前要准备好公文包、简历、记事本、身份证、照片等材料，以及在校期间获得的职业资格证书、等级证书、荣誉证书等。所有材料要有条理地放在公文包或文件夹里，方便随时取出。其中简历撰写是相当重要的一环。

简历的编写原则：真实、简明、突出。

简历内容：一般包括个人基本资料、学历、社会工作、获得奖励及兴趣爱好等方面。

1. 个人简历

个人简历包括姓名、性别、年龄、地址、所学专业、课程及其成绩，还包括外语水平（是否具有听、说、读、写、译五种能力），能否熟练使用电脑，是否考取驾驶证等。此外，不要漏掉工作经历或社会实践及其成就。如果曾担任学生干部，主持或参与的重要活动自然会引起用人单位的注目；倘若是一位勤奋的笔耕者，发表的文章、取得的科研成果对求职成功亦大有裨益。例如，武汉大学 2012 级的一名学生干部，由于其专业理论基础扎实，外语水平过关，成为多家用人单位力邀加盟的对象。综合素质高、科研成果多的复合型人才，也备受用人单位的青睐。

个人简历要简洁明了，重点突出，干净美观，清晰易读，同时要有个性，突出自己的特点。现举例如下：

（1）文本简历（主要栏目）。

个人信息：彩色照片、姓名、性别、出生年月、籍贯、身高、学历、政治面貌、专业、第二外语、学校、邮箱、联系方式。

专业能力：获得证书、获得奖励、教育背景、实践经验、自我评价，并附各类奖励证明。

（2）表格简历（见表 4－1）。

表 4-1　个人简历

姓名		性别		出生年月	
民族		政治面貌		身高	
学制		学历		户籍	
专业		就读学校			
技能、特长或爱好					
外语等级			计算机水平		
在校及实习经历					
联系方式					
通信地址				联系电话	
E-mail				邮编	
自我评价					

2. 求职信

求职者写求职信应实事求是，既不要夸大其词，也不要贬低自己，力求做到行文规范，表达准确。写好后可打印出来，篇幅不要超过两页纸，文中不宜出现文字错误及涂改痕迹。现举例如下：

> 我叫×××，女，中共党员，××大学管理学院国际金融专业××届毕业生。在校期间学习成绩优良，专业课平均成绩 91 分，选修课平均成绩 87 分。大学英语已过国家四级，计算机通过国家二级，会操作 Office 等电脑软件，在省级报刊上发表论文 4 篇，曾两次荣获校级“三好学生”荣誉称号，连续三年获一等奖学金。
>
> 本人性格开朗，爱好广泛，喜书法，好绘画，有一定的写作能力，组织能力较强。在校期间历任班、系、院学生干部，参与组织了樱花诗会等活动。
>
> 我希望到贵单位效力，从事与所学专业相关的财务、会计、文秘等工作，以便施展自己的才华。联系电话：×××××××××××

求职信一般以 1 500 字左右为宜。写求职信应精心设计，实事求是，恰如其分，文笔流畅，表达准确，重点突出，有针对性。

网上发送求职信时，应以“应聘某某职位”为邮件标题，把求职信作为邮件正文，再把简历直接粘贴到邮件正文后。求职信和简历一同发送既方便对方阅读，又杜绝了附件携带电脑病毒的可能性。

若是邮寄求职信，可以选用所在学校的信封，选择有特色的邮票，给对方留下鲜明的印象。

除了求职信和简历外，为了加深用人单位对自己的印象，求职时还可以准备推荐信。推荐信可以请熟悉自己的老师写，他会如实介绍学生的优点和强项；也可以请校方组织部门出具推荐信，一定要盖上公章，以增加权威性。这些都有助于用人单位更好地了解求职者。

（三）参加面试

面谈或面试是用人单位当面观察求职者，考查其修养、能力，继而做出录用决定的关键。因此，求职者必须认真对待，提前做好形象设计与思想准备。

1. 面试之前万事俱备

对于求职者来说，形象永远走在能力的前面。求职者的形象给面试官的印象好坏，常常关系到求职的成败。求职应聘时，要给考官留下良好的“第一印象”，就需要形象设计，用恰当的妆容和着装来扬长避短，树立起自己的独特气质，增强自信，从而在面试中脱颖而出。

（1）形象设计。

一是妆容淡雅。应聘时应重视妆容的整洁和适度。男士注意脸部的清洁，剃净胡须，理好头发，但不宜涂抹过多的护发品。女士头发宜盘起或梳扎好，妆容应简洁、大方、亲切、自然，符合行业要求。化妆越自然淡雅越好，忌浓妆艳抹或另类前卫，不喷洒过浓的香水。

男士可带公文包或大皮夹，以便随身携带一些个人资料；女士可带一个手袋，但不能过于花哨和昂贵，以免给人不够职业的感觉。包内的物品整理有序，尽量把化妆品、笔、零碎的小东西分门别类地收拾好置于小包内。手里东西过多，容易给人凌乱、急躁、办事马虎的感觉。

二是服饰得体。面试时，合乎形象的着装会给人以干净利落、有专业精神的形象，男生应干练大方，女生应庄重俏丽。

最基本的要求是衣着整洁合体。男士若穿西装，最好为浅色衬衣，系上领带，注意把衬衫下摆扎进裤中；不要穿袖口或裤脚折边已磨损的衣服。女士着装要大方得体，不得穿着短、露、透、紧的服装。女士可穿西装套裙，如果配裤子，上装以稍长为宜。女士正装基本要求：衣服颜色淡雅单一，裙长在膝盖上下 5 厘米，着肉色丝袜，穿款式简洁皮鞋，可适当运用胸针、丝巾装饰。面试时，女士应避免佩戴过多的饰物。不管男士、女士，面试时都应保持皮鞋整洁光亮，细节之处见精神（见图 4－1）。

应聘时的着装要尊重社会规范，符合社会大众的审美观。应聘者的着装应与应聘岗位相协调。例如，应聘教师、公务员、工程师等岗位，应该选择庄重、素净、大方的着装，以显示出稳重、文雅、严谨的职业形象。具体来说，法律、金融、教育等行业适用职业装，女士裙装、男士西装是最佳选择；IT 行业则不同，休闲装亦可，如休闲西服、T 恤衫、牛仔裤等；若是应聘一些非常有创意的工作，如市场、广告、平面设计等，可以穿得稍微时髦一点，显示出独特的品位和风格。

（2）问题准备。

面谈和面试时，面试官将会向求职者提出一连串问题。求职者对面试官可能提出的问题应事先有所准备，以便做到胸有成竹，对答如流。下面列出用人单位通常都会提出的十

图 4-1 周静副教授做求职面试礼仪讲座

个问题，供大家参考。

你的家庭情况、婚姻状况？
你的理想？
你为何选择本单位？
你计划怎样为本单位做贡献？
你对工作待遇有何要求？
你计划今后再调换工作吗？
你打算出国吗？
你喜欢什么样的领导？
你有哪些特长？
你的缺点是什么？

此外，美国恩迪科特博士经过大量调查后总结了美国招聘者招聘大学毕业生时常问的 49 个问题，其中不少问题值得国内求职者借鉴思考。具体如下：

你的长期和短期目标是什么？你在什么时间、为什么树立起这些目标？你准备怎样实现它们？

除了与职业相关的目标外，你有什么其他方面的目标吗？你是否需要有在下一个十年或更长的时间内为之奋斗的目标？

你预料从现在开始的五年内，将做些什么事情？

在你的一生当中，你想做的最重要的事情是什么？

你的长期的职业方面的目标是什么？

你计划怎样实现你的职业目标？

在职业方面，你希望得到的最重要的奖励是什么？

你希望五年后的收入达到多少？

你为什么要选择你准备从事的职业？

工作类型和收入中的哪一个对你来说比较重要?

你认为你的强项和弱点是什么?

你能形容一下你自己吗?

你认为最了解你的朋友和教师会如何描述你?

什么事情或东西将激发出你最大的热情?

为了你以后的职业生涯，在大学期间你都做了哪些准备工作?

我们为什么要雇用你呢?

你认为你哪方面的资历将有助于你以后取得职业方面的成功?

你是怎样判断或评估成功的?

你认为怎样才能在像我们这样一家公司取得职业上的成功?

你将以何种方式为我们公司做贡献?

一个成功的管理者应具备什么样的资历?

请形容一下监督者和向其汇报工作的人员之间的关系。

最令你感到满足的成就(你已经实现的)是什么?请举出两三个例子并说明为什么。

请讲一讲最有益的大学经历。

如果你想雇用一个向你申请想得到职业的毕业生，你认为该毕业生应具备什么样的资历?

你为什么选择了你所毕业的大学?

什么原因使你选择了你正从事的专业领域?

在大学里你最喜欢的科目是什么?为什么喜欢它?

你不喜欢的科目是什么?为什么不喜欢?

如果可能的话，你将如何改变自己的学业?为什么?

你希望学校有什么样的变化?为什么?

你是否计划继续你的学业或者说得到一个更高级的学位?

你认为好的分数意味着较好的学术水平吗?为什么?

从课外活动中你都学到了什么?

你最适应什么样的工作环境?

在压力下你是如何工作的?

你最感兴趣的临时工作或假期工作是什么?为什么?

为什么你决定申请我们公司的这个职位?

关于我们公司，你都知道些什么情况?

对你来说，工作中最重要的两三件事情是什么?

你对公司的规模有什么要求吗?为什么?

你用什么标准来评价你为之效力的公司?

你对工作地区有什么偏爱吗?为什么?

你愿意迁居吗?迁居对你有什么样的影响?

你愿意出差吗?

你愿意再花至少六个月的时间接受培训吗？
你对我们公司所在的社区有何评价？
你曾遇到的主要问题是什么？你是如何解决的？
你从你的错误中学到了什么？

2. 面试过程细节取胜

（1）面试中礼仪。

求职者参加面试时要带全有关证件和资料。要关掉手机，或者把手机设成静音。在面试过程中不要硬往主考官手里塞联系名片或向主考官索要名片，一切要自然得体。求职者在面试过程中表现出的礼仪行为，反映出求职者的人品和修养，将直接影响面试官的最终决定。因此，求职者参加面试时，务必注意以下几点：

1）准时到达现场。

守约守时是最基本的礼仪。一个连面试都迟到的人，没有人会相信他会如何敬业。应邀赴约时，一定要按通知的时间到达面谈地点，甚至多提前一些时间到达，以便熟悉情况，进一步做好面试前的各项准备，平复心情，不慌不忙地进入现场。切莫让他人陪你入场。入场时不可吸烟，也不可嚼口香糖。

2）再次整理形象。

提前半小时左右到达面试地点的时候，进一趟洗手间，并再次整理一下妆容、服饰，擦拭干净皮鞋。同时也平复一下心情，让自己更从容、自信一些。

3）礼貌等候面试。

从你进大门的那一刻，就意味着你应聘的开始。对待所有和你接触的工作人员，都应该使用文明用语，一视同仁，比如保安员、秘书等，不要不在乎这些你认为不重要的人。往往这些细节能决定面试的结果。在各环节中，你对普通工作人员的态度，也是其中重要一环。

如果有前台接待的话，就要礼貌地告诉前台接待，你来这儿的目的。如果接待人员安排你坐着等，你就要沉着地坐着，或者闭目养神，或者翻阅你自己的资料。不要随意和正在工作的工作人员攀谈，或东张西望，或四处走动。即使烟瘾再大，也不要在接待室吸烟。若没有等候室，在面试门外等候，当办公室门打开时应有礼貌地说声“打扰了”，然后向考官表明自己是来参加应聘的，绝不可贸然闯入。

4）注意进门细节。

面试前应耐心在门外等待，直到自己的名字被喊到时，应有力地回答“是”，无论大门开或关，都应轻敲两到三下，听到“请进”后准备进入，进门前将门保持原状。开门和关门尽量轻，进门后侧身轻轻将门合上，注意关门时臀部不要朝向对方。再回过身来将上半身前倾 15°左右，向面试官鞠躬行礼，面带微笑称呼一声“老师好”或“您好”。要表现出热情、开朗、大方、乐观的精神状态，勿过分殷勤、拘谨或过分谦让。进门后四处打量是不礼貌的。

走路姿势保持正常（不需要继续直视面试官的眼睛）。注意不要驼背。站在椅子旁边（靠近门的那一侧）。男士手臂伸直放于身体两侧，女士双手叠于身前（请将右手放在左手的上面）。听到要求说“请报出大学和名字”后，看着面试官的眼睛说“我是××学校××

专业×××。请多关照”后，简洁流畅地进行自我介绍。当听到“请坐”时，先说“谢谢”，然后行礼（鞠躬15°）、落座（说话和行礼不要同时进行）。

求职者进门后，不可主动伸手与考官相握。如果主考官伸出手来，求职者应同他热情握手。若对方端来茶水，求职者应用双手接过，并致谢，不要推辞不喝。若对方只是客气地问：“要茶吗?”求职者则可客气地回答：“不用，谢谢。”

5）讲究谈话礼仪。

双方寒暄完毕，主考人通常让求职者先开口，求职者要注意聆听，一是体现对面试官的尊重，二是准确捕捉有效信息。在交谈中应把握重点，准确客观，态度要热情坦诚。在回答问题时，求职者的眼睛要看着主谈人（主考官）及其助手。回答问题时，要口齿清晰，声音大小适中，答句完整，对答如流，但不要夸夸其谈，炫耀自己，更不要喧宾夺主。切忌打断主谈人的谈话，在主谈人谈话时插话是不礼貌的行为。当不能回答某一问题时应如实告诉对方，切忌不懂装懂。如果面谈时两个人同时向求职者提问，求职者可以微笑着对其中一位说：“请让我先回答那个问题好吗?”这样处理问题，从一个侧面表现出求职者的修养和处事能力。当然，在面谈时，求职者也可以酌情穿插一些提问，如询问未来的工作情况等，以活跃交谈气氛。

面试时少不了求职者做自我介绍，而此时的自我介绍有别于求职信里的自我介绍。应把握以下几点：以事实说话，多用肯定的陈述句叙述，少用虚词、感叹词；逻辑清晰，符合常情，内容应合理有序地展开，让优势很自然地逐步显露；突出优势和特长，并有相当的可信度，可以适当引用他人的言论，如老师、朋友等对自己的评价；不用简称、方言和口头语，以免对方难以听懂；尽量简短，视现场实情而定，一般3～5分钟。

6）重视肢体语言。

语言交流固然重要，但面部表情、手势、站姿、坐姿等肢体语言，可传递更加丰富而真实有效的信息，阅人无数的面试官会更加重视肢体语言，从中分析判断，挑选他所需要的应聘者。因此，面试时一定不可轻视。现从几方面简述如下：

第一，自信友好的微笑。

赏心悦目的面部表情，会让应聘的成功率远高于那些目不斜视、笑不露齿的人。微笑传递一个人热忱的生活态度和良好的人际关系，面带微笑体现出面试者的自信，增进与面试官的沟通，改善与面试官的关系。面试时应面露笑意，和蔼谦逊。也不宜笑得太过，或者面部僵硬，大大咧咧或矫揉造作，都会破坏自然的美。听对方说话时，要时有点头，表示自己听明白了，或正在注意听。

第二，透视心灵的眼睛。

眼睛是心灵的窗户，恰当的眼神能体现出智慧、自信以及对公司的向往和热情。面试一开始即应全神贯注，目光始终聚焦在面试官身上，以展现出自信及对对方的尊重。正确的眼神应该是：礼貌地正视对方，注视的部位最好是考官的鼻眼三角区（社交区）；目光平和而有神，专注而不呆板；如果有几个面试官在场，说话的时候要适当用目光友善缓慢地扫视其他人，以示尊重；回答问题前，可以把视线投在对方背面墙上，约两秒钟做思考，不宜过长，开口回答问题时，应该把视线收回来。

第三，适度恰当的手势。

说话时做些手势，可加大对某个问题的形容力度，交谈很投机时，可适当地配合一些手势讲解。但频繁耸肩，手舞足蹈，也会分散人的注意力。有些求职者由于紧张，双手不知道该放哪儿，而有些人过于兴奋，在侃侃而谈时舞动双手，这些均不可取。抓耳挠腮、用手捂嘴说话，会显得不够成熟、自信、专心。亦不可为表示亲切而拍对方的肩膀。另外，递简历时应双手奉上，文字的正面对着对方。

第四，端庄优雅的坐姿。

良好的坐姿是给面试官留下好印象的关键要素之一。注意落座时保持腰部直立，臀尖向下，坐满椅子的 2/3 为佳。腰背挺直，男士双手应该自然放在腿上，双腿微微分开。女士应双手相叠放于一条大腿之上，双膝并拢。保持轻松自如的姿势，身体可略向前倾，表示专注倾听。不要弓着腰，也不要把腰挺得很直，这样反倒会给人留下死板的印象。有两种坐姿不可取：一是紧贴着椅背坐，显得太放松；二是只坐在椅边，显得太紧张。这两种坐法，都不利于面试的进行。切忌跷二郎腿并不停抖动，两臂不要交叉在胸前，更不能把手放在邻座椅背上，或加些玩笔、摸头、伸舌头等小动作，容易给人一种轻浮傲慢、有失庄重的印象。

第五，精神挺拔的站姿。

站立时最好抬头、下颌微收、挺胸、收腹、提臀，不倚靠外物。双腿并拢，女生双手相叠放在腹部前，右手在上；男生双手垂放在大腿两边，或前搭手。

（2）结束时礼仪。

1）询问决定期限。

面试将完的时候，假如对方没表示和你联系，你可以问对方什么时候做出最后决定，或是否在一段时间内来电话询问。不过，有礼貌的公司，不管你成功与否，一定会给你一个答复。不要不敢问及有关未来工作的问题，但不可急于问有关薪水、休假、福利情况，这类事情通常是第二次面试时才讨论涉及的。临别时，说些加深印象的话语，比如："您对这份工作情况的介绍给我留下了十分深刻的印象，谢谢您能会见我。"

2）注意适时告辞。

求职面试犹如奏乐演唱，需善始善终。不少求职者面试开始表现不俗，甚至成为"意中人"，但是在结束时的"不拘小节"露出破绽，致使"煮熟的鸭子飞了"。

首先，不要在面试官结束谈话之前表现出浮躁不安、急欲离去的样子。当主谈人说"感谢你来面谈"等诸如此类的话时，意味着面试完毕。有些接见者以起身表示面谈的结束，另一些则用"同你谈话我感到很愉快"或"感谢你前来面谈"这样的辞令结束谈话。对此，求职者应从容不迫地站起来，不失时机地起身告辞。其次，面带笑容地鞠躬 30°，感谢接见者花时间同你面谈，如主谈人有意握手，则诚挚与之握手感谢，然后走出房间并轻轻带上门。离开时，别忘了向接待人员道谢告辞。

3. 面试结束锦上添花

面试的结束并不意味着整个求职过程的完成，还有很多事要做。

（1）再次表达感谢。

为了表达感谢，也为了加深对你的印象，更为了弥补面试时的一些遗漏，应该在面试后两天内给面试官打电话或发封电子邮件。

感谢电话一定要简短，最好不要超过 3 分钟。

感谢信也要简洁，不要超过一页。在感谢信的开头应提及你的姓名及简单情况，然后提及面试时间，并对招聘人员表示感谢。在感谢信的中间部分要将一些能增加求职成功率的内容加入进去，尽量把之前可能给面试官有不良印象的方面修正一下。结束语主要表达自己对职位的喜爱和信心，以及为公司的发展壮大做出贡献的渴望。

（2）不要过早打听。

通常情况下，考官组从面试到确定录用人选，整个过程需要 3～5 天。求职者一定要耐心等候消息，不要急于去打听结果。太早很有可能会使面试官对你的印象由好变坏，他们会认为你是个急性子，觉得你可能做事不够稳重。

（3）快速收拾心情。

面试结束后，结果没出不必苦等。若你同时向几家公司求职，就要整理好心情，全心投入下一个面试中，不要放弃任何一个机会。

（4）主动查询结果。

一般来说，面试后主考官都会许诺一个通知的时间，如果通知时间到了还没收到答复的话，那么就可以主动给招聘单位或主考官打个电话，询问一下结果是否出来，询问自己是否被录用。

（5）总结反省提升。

应聘中很少有人一次成功，当应聘失败后，关键是要总结教训，找出失败的原因，然后针对不足，找到更好的应对方法，重新做准备。或许在一次又一次的求职应聘中，会发现最适合自己的行业、职业和岗位。

第二节　职场礼仪

俗话说："一个篱笆三个桩，一位好汉三个帮。"立业既要靠自己努力奋斗，也需要他人的帮助与合作。因此，无论什么性质的工作，无论什么工作单位，只有了解职业规则，遵守职场礼仪，与上级处理好关系，与同事和睦相处，方能礼行天下，事业有成。

一、通用礼仪

爱岗敬业、守时高效、尊重上级、男女平等是职场人的基本要求。上岗前，男士应修好边幅，显得精神抖擞；女士可酌情化淡妆，但不宜浓妆艳抹、佩戴过多或叮当作响的首饰。穿着工作装及较为正式的鞋袜。上岗后，积极做好各项准备工作，不做私事，不用单位电话说私事，不串岗闲聊。上岗中，严格遵循工作岗位行为规范，按时上下班，不迟到早退（见图 4－2）。

领导应严谨自律、身先士卒、关心下级。作为下级应尊重领导、讲究方式、注意小节。如对领导的安排有想法，应私下寻找合适的机会反映；领导到访和离开，应站立问候和送别；进入办公室，领导正与他人谈话或通电话，应在门外等候，领导发话后方能进入。作为同事，应彼此尊重、互相帮助、一视同仁。

图 4－2　通用礼仪

二、政务礼仪

现代政务关系，比起古代，要平等得多，也简约得多，但也有一定的准则和规范。在着装方面，不应花里胡哨、随意休闲，而应端庄典雅，简约干练。在同事关系方面，上级与下级分工不同，既是领导与被领导的关系，同时也是合作关系。领导应任人唯贤、言而有信、宽宏大量、率先垂范，下级应尊敬上级、维护威信、讲究方式、注意小节，同事之间彼此尊重、精诚合作、互相帮助、一视同仁。上班期间尽量不谈及私事，做到保密、严谨、规范、高效。

政务活动十分讲究位次。遵守“居中为尊、以左为尊、前排为尊”的原则。重点介绍会议主席台座次安排及合影位置安排。主席台座次安排，领导为单数时，主要领导居中，2 号领导在 1 号领导左手位置，3 号领导在 1 号领导右手位置（见图 4－3）。

图 4－3

主席台座次安排，领导为偶数时，1、2 号领导同时居中，2 号领导依然在 1 号领导左手位置，3 号领导依然在 1 号领导右手位置（见图 4－4）。

图 4－4

合影时的位置安排与会议主席台座位安排一致（见图 4－5）。

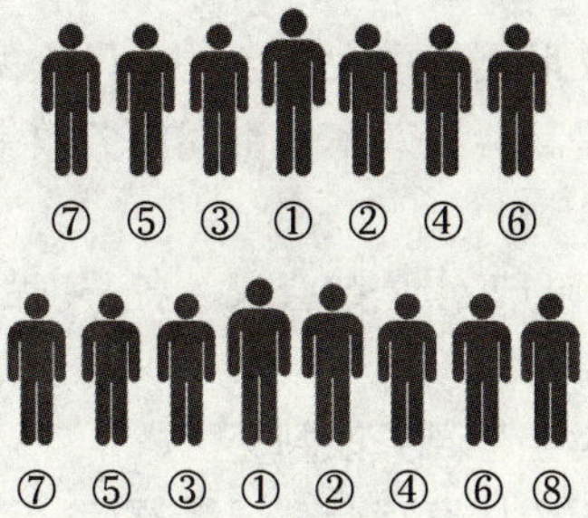

图 4-5

三、商务礼仪

随着社会的进步，商业前所未有地繁荣发达，商务活动也日益频繁，也形成了愈来愈丰富的商务礼仪。

古老的商业谚语“面带三分笑，顾客跑不掉”“没有笑颜莫开店”“童叟无欺”等，经过千百年仍颠扑不破。

商务人员的第一印象就是商业效益。推销商品及服务，其实就是推销自己。只有顾客悦纳你，才可能接纳你的产品。一个成功的商务人士，应不断地、时刻警觉地改进自己的第一形象，以把握更多机遇。

商务礼仪包罗万象，包括庆典、会议、宴请、演出、舞会等，其中会议及庆典活动最具商务礼仪特色。

（一）庆典礼仪

所谓庆典，是指各种庆祝仪式的统称。组织庆典应首先做好准备：邀请来宾；布置现场；拟定程序。依照常规，庆典大致上包括下述几项程序：请来宾就座，介绍来宾，主持人宣布庆典正式开始，全体起立，奏国歌，唱本单位之歌；本单位主要负责人致辞，对来宾表示感谢，介绍此次庆典的缘由等；来宾致辞，由上级主要领导、协作单位及社区关系单位的代表讲话或致贺词，对外来的贺电、贺信等，不必一一宣读，但对其署名单位或个人应当公布，在进行公布时，可依照其“先来后到”的顺序，或是按照其具体名称的汉字笔画的多少进行排列；安排文艺演出或邀请来宾参观本单位的展览室或车间；等等。

参加庆典的人员，须遵守有关礼仪规范。注意仪表：出席庆典的主要来宾，男士要着正装，可穿西服或者中式服装，颜色选择不必保守，色彩鲜亮的服装更能凸显喜庆气氛；女士则须着礼服，化较浓的妆，以示郑重；员工或服务人员，则可着制服，无制服的单位，则应着礼仪服装。遵守时间：任何人都应准时到场或是稍稍提前到场，如果确实有原因不能参加，应及时通知主办方，以便其早做准备。举止要庄重，主方人员应切实做好来宾的接待工作，对人要热情、诚信，不要有意无意地做出对庆典毫无兴趣的姿态，如玩手机、用耳机听音乐等，来宾应遵守主方的安排，庆典进行时应全神贯注、聚精会神，不要交头接耳、东张西望。

（二）商务会议礼仪

企业（公司）需要采用会议形式就重大事务展开讨论做出决策，以及沟通信息和协调关系。所以，降低会议成本，提高会议效率，讲究商务效果，会议礼仪十分重要。

1. 常见的商务会议类型

内部惯例性会议：如各部门的工作总结会议、各季度的业务报告会议、各经销商或顾客定期联谊沟通会议。

与客户洽谈会议：商务洽谈会、商务谈判会。

与记者媒体相关的会议：新产品发布会、记者招待会等。

研究开发会议：研讨会、策略规划、公司年度经营计划等。

机密会议：股东会议、新产品上市计划、高峰会议等。

2. 商务会议的主要目的

（1）实现企业（公司）的目标沟通。

企业（公司）的决策层和管理层依据企业目的召开的各类会议，应力求使各项目标之间协调一致，防止相互矛盾，确保彻底沟通企业目的或订立目标。

（2）促使商务活动顺利进行。

为达成企业（公司）目的而召开的各类会议，有利于沟通协调、凝聚共识、提高工作意愿，从而促使各项具体商务活动的展开。

（3）选择策略和途径。

通过集思广益的、头脑风暴的会议，就其商务活动能卓有成效地展开，从诸多方案中选择其最佳策略和途径。

（4）排除障碍，获得新的启示。

商务会议可针对活动执行中产生的种种问题，通过会议进行评估分析，通过商讨制定出合理、有效的措施。

3. 商务会议应遵循的礼仪规则

会议组织者礼仪规则：

（1）确定会议主题，并对会议中的每个阶段和主题与相关人员充分沟通。

（2）提前通知相关人员会议的议事日程，准备会议的相关资料。

（3）会议召集人最先需要考虑的是请谁参加会议，确定到会人员名单，以便提前发出通知。

（4）召集会议者应了解公司的文化背景，以便充分利用会议功效实现其目标。如偏西方文化背景下的公司，需要主持人具有非常强的领导才能，按照会议日程安排来主持会议，以防偏离正题，影响会议效果；而偏中国文化背景下的公司，会前需要做大量的准备工作，征求意见和达成共识等，使会议能收到成效。

（5）会议主持人应驾驭会场，必须掌控会议的主题、走向与节奏，遵守时间并高效利用时间。

4. 商务会谈位次

商务接洽小型会议，分与外宾会谈（见图 4－6）和与上级领导会谈（见图 4－7）。

商务接洽长条桌会议，有两种（见图 4－8、图 4－9）。

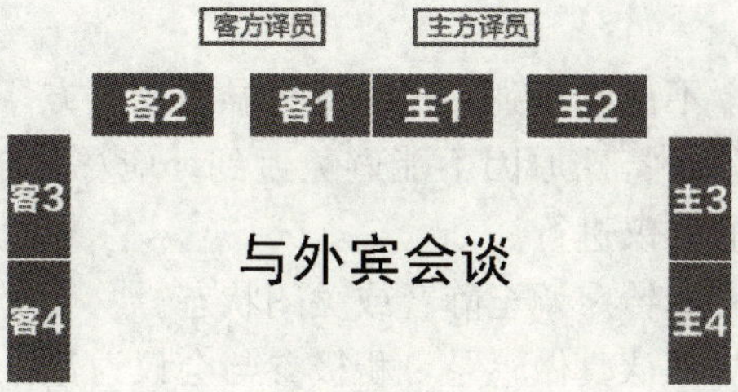

图 4-6

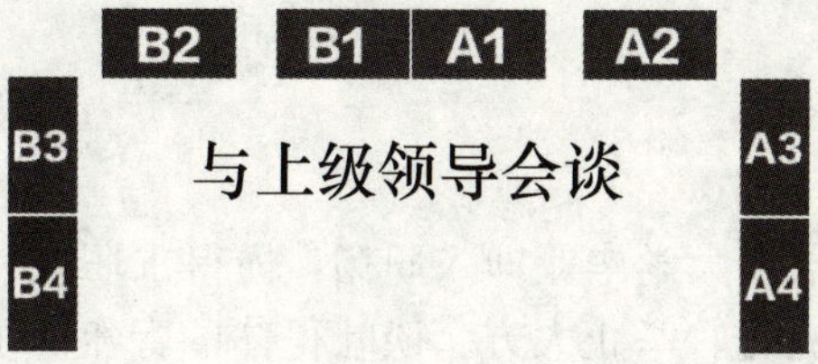

注：A为上级领导，B为主方领导

图 4-7

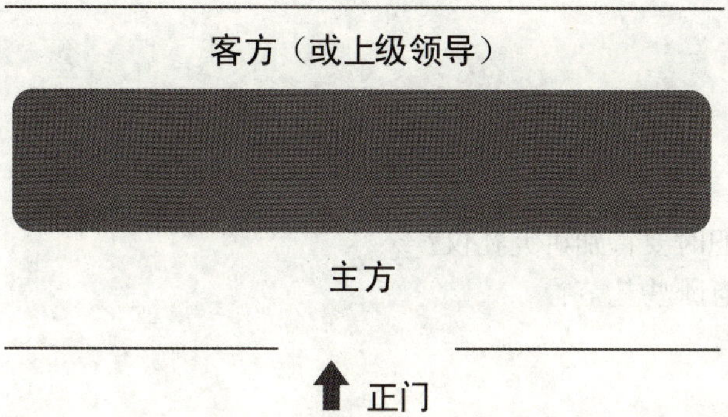

图 4-8

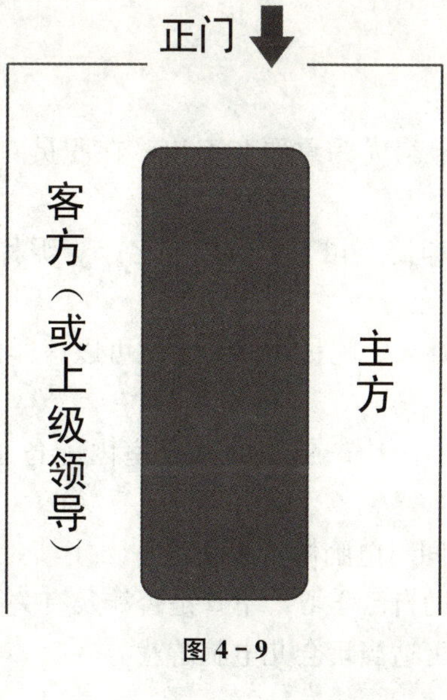

图 4-9

参会者礼仪规则：

（1）应邀出席会议者，不论能否到会，都应尽早回复对方。

（2）准时到达会场，若因特殊原因不能避免迟到，应尽早告知会议组织者；迟到后，应轻声进入会场，不要影响会议进行。

（3）自觉将手机、手表的铃声调至静音或关闭状态。

（4）会场上应专注聆听，认真做笔录，积极参与会议讨论。

（5）仪态端庄，谈吐文雅，以良好的精神状态配合会议的进行。

本章要点

本章主要介绍职场礼仪。大学毕业即入职场，懂得求职礼仪，迈好走向职场第一步。好工作总是青睐那些准备充分、举止大方、谈吐得体的青年。了解职场规则，尊敬上司，团结同事，待人有礼貌，做事守规矩。公务活动讲原则，办事公道；商务往来重诚意，诚信经营。

思考训练

一、问答题

1. 为什么在求职时要特别讲究礼仪？
2. 面试时要注意哪些礼节？

二、单选题

1. 在办公室中，员工用温和商量的语气请假，这体现了现代礼仪中的（　　）。

A. 认清主客场原则

B. 尊重他人原则

C. 真诚原则

2. 办公室礼仪中打招呼显得尤为重要和突出，在职员对上司的称呼方面，应该注意（　　）。

A. 称其头衔以示尊重，即使上司表示可以用名字、昵称相称呼，也只能局限于私人场合

B. 如果上司表示可以用姓名、昵称相称呼，就可以这样做，以显得亲切

C. 随便称呼什么都可以

3. 在办公信息化的进程中，越来越多的办公室内配备了电脑，在使用公用电脑时，应该注意（　　）。

A. 学会保养电脑，有时间对电脑做杀毒处理

B. 多看同事的文件来帮助自己学习，不管是否涉及有关隐私问题

C. 工作期间为调节情绪可适当玩会儿电脑游戏

4. 现在有些员工有中午睡午觉的习惯，在此之中也有许多环节值得我们去注意。当你有急事必须进出门时，你应该（　　）。

A. 开门后将门半开或虚掩，避免产生开关门惊扰休息的员工

B. 每次进出门都要轻轻关上门，养成随手关门的好习惯

C. 如果有多次进出，只需最后一次关上门，其他时间可将门保持开着

5. 在办公室里，如果你和一位同事产生了一些小摩擦，那么你应该（　　）。

A. 当面装作风平浪静，私下四处说人不是，一吐为快

B. 私下与之面谈商量，争取双方关系正常化，以和为贵

C. 不理不睬，见面也不说话打招呼，形如陌路

6. 作为新入职的女职员，在处理与同一个办公室男同事的关系方面，你应该（　　）。

A. 刚来的时候一定要少与之交谈，以免让人产生轻浮之意

B. 对同事都要友好，显得彼此间无所不谈，千方百计搞好同事关系

C. 保持空间距离，交谈时要注意用语，保持随和，不要过于随便

7. 办公室里要注意的礼节很多，下面哪种并不属于忌讳的范围之中的（　　）。

A. 在办公的时候打扮自己

B. 借用同事的办公物品

C. 向同事谈论自己的功绩经历

8. 在拜访别人办公室的时候，你应该（　　）。

A. 敲门示意，征得允许后再进入

B. 推门而入，再做自我介绍

C. 直接闯入，不拘小节

9. 在刚进入工作场合时，往往会遇到这样那样的求助。有些对你来说是举手之劳，但有些对你来说却是很棘手。面对很棘手的事情时，你应该（　　）。

A. 学会说不，有些时候要学会拒绝别人对你的不合理要求

B. 不管是否是自己力所能及都要勇于承担

C. 看对方与自己的亲切程度，如果关系不错就极力帮他

10. 在与同事之间相处时我们应该注意（　　）。

A. 女性应该在单位里尽量多说话，可与大家打成一片

B. 当遇到困难和不幸时应多找同事叙说，让他们安慰自己，分担自己的不幸

C. 当同事与自己的意见相左时，应该将人与事分开，不要因为意见的争执而伤个人感情

参考答案：

B、A、A、B、B、C、B、A、A、C。

三、案例分析题

一位女职员的烦恼

晓阳是一家晚报的记者，开朗活泼的她庆幸自己能够选择一个非常合适的工作。她对

工作投入了满腔的热情，写出了几篇较有分量的报道。但是到了年终时，升职加薪全无她的份，而一个在工作热情和工作业绩上都明显不如她的职员，却因为善于奉承主管而轻轻松松地升了职、加了薪，晓阳怎么也想不通。一次，上洗手间时碰到与自己关系不错的一个同事，愤愤不平的她忍不住把自己一肚子委屈告诉了她，说主管提升人不是看谁有本事，不看重人的才能，而只把眼睛盯在会拍马屁的人身上，对她却时时在一些事情上进行压制。又说上司是个老姑娘，性情古怪，难怪这么大年纪也不结婚。此时，晓阳的主管刚好走进来，朝她们两人笑了笑。晓阳和同事神情尴尬，不知道主管在洗手间外面站了多长时间，有没有听到对她的议论。后来，那个原本关系不错的同事怕受牵连，主动疏远了晓阳，而晓阳的主管虽然没有特别青睐她，但也没有为难她，见面反而愈加客气了。但晓阳自己却似患了心病，心情很不舒畅，又不好意思当面向主管道歉，日子过得不尴不尬：放弃这份心爱的工作吧，有点舍不得；不放弃吧，整天与上司僵着，不知道怎么办好。

讨论：

1. 结合办公室礼仪知识，你觉得本案例中晓阳犯了哪些礼仪禁忌？

2. 如果你是晓阳，该如何处理与主管目前紧张的关系？

四、思考训练题

这是某形象设计公司提供的案例。看完后，请根据所学专业，为自己设计一个职业形象。

阿娇（化名），如她的名字一般，是一位非常清爽宜人的姑娘，面容秀气，最漂亮的是她的一头自然的长发。只是设计前她的时尚感完全不被人察觉，当我们通过形象定位发掘她都市时尚的潜力后，真的是为她惊喜，一位现代都市白领的形象跃然而出。

商务职业场合：她的长发就是最好的装饰，我们只需要稍加打理整齐，通过明朗设计的职业感外套简单搭配时尚饰品，突出了她简洁干练又阳光清爽的风格特点。她身上有那么一丝不易察觉的清淡感，笑容却又让人备受感染。

生活社交形象：针织毛衣搭配白色衬衣，牛仔夹克搭配针织包裙，再加上针织帽，典型文艺女青年装扮，让她如此自由、温暖。

案例分析：

在面容和身材几乎没有改变的情况下，我们通过形象设计让她焕然一新。

美是可以创造的，形象管理其实就是一场美学，从心灵深处去理解并且欣赏美，礼仪气质会自然流露，在潜移默化中自己会发生着巨大的变化。所谓相由心生，内外兼修，才能受益终身。

第五章 社交礼仪

学习目标

了解并掌握会面、拜访、接待及舞会的基本礼仪；
培养社交技巧，提升生活品质；
自如社交，营造和谐社会。

案例导入

令人遗憾的见面礼

王先生是集团公司的老总，主要代理国内知名品牌的服饰。一天，他接待了来访的某服装厂主管销售的李先生。只见李先生被秘书领进了办公室，未等秘书介绍，李先生就热情地伸出右手，让王先生握了握，便缩了回去，然后用左手递上名片做自我介绍："你好！我姓李。我代表公司想跟你谈谈服饰代理事宜。"不到五分钟，王总就结束了初次见面。

案例分析：

李先生初次见面失败的原因何在？李先生在秘书在场的情形下，主动向王总做自我介绍妥否？李先生作为拜访者先伸出手与王总相握对不对？握手时间多长为宜？李先生左手递名片行吗？初次见面介绍时只报姓、不介绍公司全称符合礼仪吗？

学习内容

现代社会是信息社会，是开放的社会。随着社会的发展，人与人之间的交往日趋频繁、密切。充满朝气、志向远大的青年，再也不愿意自我封闭。他们既要读好书，同时也需要了解社会，参加社交活动。

社交礼仪是指在人际交往、社会交往和国际交往活动中，用于表示尊重、友善的行为规范和惯用形式。讲究礼仪，注重礼貌，遵守一定的礼仪规范，已成为文明社会生活的一项重要标志。涉世不深的青年朋友们希望顺利地步入社交圈，开拓一片新天地，但怎样才能顺利地步入社交圈，在社交活动中如鱼得水、得心应手、左右逢源、广交朋友呢？这就需要了解见面礼和交友艺术等基本的社交礼仪，以便尽快在社交活动中取得成功。

有社交，就有礼仪。广义的社交包罗万象，只要是与人交往都可以称为社交。主要的社交场合可细分为：工作场合——职场礼仪、业余聚餐——商务礼仪、家庭活动——家庭礼仪、外交活动——国际礼仪等。

社交礼仪误区（盲区）有如下几种：

着装：过于休闲，或千篇一律地穿着职业正装，参加聚会着装越贵、越华丽越好；

见面：过于拘谨，或过于随便，进房间不敲门，看对方手机信息，听对方电话；

交谈：急于表达、不注重聆听、据理力争、纠正错误；

通话：拿起电话喊“喂”；

主动：与朋友聚会热情主动超过主人；

隐私：初次见面问家庭、孩子、身体状况、收入等涉及隐私的话题；

排队：前胸贴后背；

座次：宴会不知坐在哪里，随便坐；

相处：男性讲不文明段子，女性不知所措，或附和说笑或批评指责；

赴约：不一定每请必到，但又不会拒绝；

…………

第一节　会面礼仪

会面，包括称呼、介绍、递接名片、握手等。礼仪到位，方可愉快交流。

一、称呼

人们见面后，首先要礼貌地称呼对方。称呼得体，会给对方留下良好的印象。那么，称呼有哪些形式和讲究呢？

称呼一般是指人们在交往过程中所采用的相互称谓。选择正确的、适当的称呼，既反映了自身的教养，也体现出双方关系。因此，人们在正式场合所使用的称呼应当正式，符合礼节。在社交活动中，人们所使用的称呼主要有七种形式，分别在不同的场合选用。

（1）称呼职务。在人际交往中，此类称呼最为常用。尤其是在对外界的交往中，意在表示交往双方身份有别，如“局长”“主任”等。一般来说，如果被称呼人是担任副职的，为了表达尊重，则往往省去“副”字，如“刘副主任”可称为“刘主任”。

（2）称呼职称。在交往中为表示对具有技术职称者，尤其是高、中级技术职称者的尊敬，可以其职称相称。方法之一是可以只称职称，例如，“教授”“研究员”“工程师”“医师”等。也可以在职称前加上姓氏。例如，“李教授”“张研究员”“王工程师”“刘医师”。当然有时可以简化，如将“王工程师”简化为“王工”，但使用简称应以不发生误会、歧义为前提。还可以在职称前加上姓名，使其适用于十分正式的场合。例如，“吴××编审”“韩××教授”等。

（3）称呼职业。一般来说，可以直接称呼被称呼者的职业名称，如“记者”“律师”“导游”“医生”“营业员”“服务员”等。

（4）称呼尊称。用尊称称呼普遍适用于各类被称呼者，诸如“先生”“老师”等，都属于通行尊称。

（5）称呼姓名。称呼同事、熟人，可以直呼其名，以示关系亲近。不过，称呼异性朋友时使用这种方式要谨慎，但若不至于引起别人的误会或反感则无妨。面对同事、朋友，也可以只呼其姓，在前面加上“老”“小”，如“老王”“小张”等。

（6）称呼代词。根据不同对象，使用“你”“您”等第二人称称呼。“您”用来称呼长辈、上级和熟识的人，以示尊重；而“你”用来称呼自家人、熟人、朋友、平辈或晚辈，表示亲切、友好。

（7）称呼亲属。如亲切称呼年长者为“叔叔”“阿姨”“大伯”等。

正式场合，如不知对方身份，一般可统称成年男性为“先生”，女性为“女士”或“小姐”，切记在“小姐”前加上对方的姓或名。采用低级庸俗的称呼，是既失礼又失自己身份的。例如，当面称呼他人的绰号，是不尊重对方的表现。另外，称呼不是一成不变的，而应与时俱进。

二、介绍

介绍是人们在社交场合中相互认识的基本方式，在素不相识的人之间起认识桥梁的作用。

（一）介绍的类型

在社交活动中，介绍的形式是多种多样的，主要有以下四种类型：

（1）按照社交场合的正式与否区分，有正式介绍和非正式介绍。正式介绍是指在较为正规的场合进行的介绍，而非正式介绍是指在一般非正规场合进行的介绍。非正式介绍不必过于拘泥于礼节。

（2）按照介绍者的位置区分，有自我介绍、他人介绍和为他人做介绍。

（3）按照被介绍者的人数区分，有集体介绍和个别介绍。

（4）按照被介绍者的身份、地位区分，有重点介绍和一般介绍。如对于要人和贵宾，可做重点介绍。

（二）介绍的方法

在社交场合中使用较多的介绍方法有两种：为他人做介绍和自我介绍。

1. 为他人做介绍

为他人做介绍通常是介绍不相识的人相互认识，或者把一个人引见给其他人。当介绍人时要注意以下礼仪：

（1）掌握介绍的顺序。

在社交场合，介绍两个人相互认识的时候，要坚持“尊重的一方有了解对方的优先权”的原则，即先把男士介绍给女士；先把年轻者介绍给年长者；先把客人介绍给主人；先把未婚者介绍给已婚者；先把职位低者介绍给职位高者。

一般来说，有中间人，应由中间人为双方做介绍，而不宜主动做自我介绍。

在介绍过程中，先称呼女士、年长者、主人、已婚者、职位高者。例如，先把职位低者介绍给职位高者时，可以这样说：“张总，这是王秘书。”然后再介绍说：“王秘书，这位是张华总经理。”

当被介绍人是同性别或年龄相仿或一时难以辨别其身份、地位时，可以先把与自己关系较熟的一方介绍给自己较为生疏的一方。例如：“陈强，这是我的同学方刚。”然后说：“方刚，这位是陈强。”

（2）讲究介绍的礼仪。

为他人做介绍时，态度要热情友好，不要厚此薄彼，不可以详细介绍一方，粗略介绍另一方。介绍前，应先向双方打招呼，使其有思想准备。介绍时，语言应清晰、准确。此外，手势动作应文雅，无论介绍男士还是女士，都应手心朝上，四指并拢，抬至肩膀以上10厘米，指向被介绍的一方。

作为被介绍者，在被介绍给他人时，一般应面向对方，并做出礼貌的反应。例如说“幸会”“久仰大名”“认识您非常高兴”等，然后双方按照握手顺序再行握手礼（见图5-1、图5-2、图5-3）。

图5-1　介绍礼仪（一）

2. 自我介绍

在社交活动中，有时需要做自我介绍。例如：由于某种原因，主人对互不相识的客人未做介绍，这时自己可以进行自我介绍；为了结交某位知名专家，自己也可以主动进行自

图 5-2　介绍礼仪（二）

图 5-3　介绍礼仪（三）

我介绍等。自我介绍是社交的一把钥匙，务必运用好。

（1）注意介绍内容的繁简。

一般而言，自我介绍不可缺少“三要素”——姓名全称、工作单位全称及职位。例如，“我是某某，在某某单位或地方担任科长一职”。如果与新结识的朋友谈得很投机，双方都愿意更多地了解对方，介绍的内容还可适当增加，例如自己的籍贯、母校、经历等。自我介绍应当实事求是、态度真诚，既不要自吹自擂、夸夸其谈，也不要自我贬低、过分谦虚。恰如其分地介绍自己，才会给人以诚恳、可以信任的印象。

在某些场合，自我介绍的内容还可以更加丰富，表达更加生动。现转引报刊上介绍的三个实例，供参考。

1）从介绍自己姓名的含义入手。例如，某单位分来了一位刚毕业的大学生，在所在科室的欢迎会上，他这样进行自我介绍：“我姓苏，苏东坡的苏；名杰，杰出人才的杰。自古以来，姓苏的人才辈出，因此父母也希望我成为一个杰出的人才。我刚毕业，事业刚刚开始，但我相信在各位前辈的帮助下，成功之路就在自己的脚下。”借自我介绍之机，恰当地表露自己的谦虚和抱负，不失为聪明之举。

2）从自己所属生肖入手。如在一次礼仪先生、小姐比赛中，一位小姐这样自我介绍：“我的生肖第一，属老鼠，我去年进入信宜宾馆工作，今天是我参加工作以来的第一个‘五一’节，我也是第一次参加如此大规模的比赛，但愿这么多的‘第一’会给我带来好运。谢谢大家。”参赛者的这种介绍，较恰当地引出了自己的年龄、职业、参赛信心，给人留下了深刻的印象。

3）从自己的职业特征入手。一位公关先生在上述比赛中这样自我介绍：“我叫张伟，在上海宾馆公关部工作，也许有的人心目中认为公关工作都是一些漂亮女士担任的，一个男子怎么从事公关工作呢？其实这是一种误解，公关是塑造形象和协调工作的科学，只要具有公关知识和素养，男子也同样能从事公关工作。今后希望各位在工作中多多关照。”一番话，使人了解了公关工作，理解了公关先生。

（2）讲究自我介绍的艺术。

首先，自我介绍要寻找适当的机会。当对方正与人亲切交谈时，不宜走上前去进行自我介绍，以免打断别人的谈话；当对方独处或与人闲谈时，则可见缝插针，抓住时机进行自我介绍。

其次，自我介绍要看场合。如与一人会面，问好后便可开门见山进行自我介绍。如有多人在场时，自我介绍前最好加一句引言，例如“我们认识一下好吗？我是……”做自我介绍时，不要把目光集中在一个人身上，最好环视大家。然后将目光转向他们中的某个人，这样大家也会相应地做自我介绍。

此外，进行自我介绍前，也可以引发对方先做自我介绍，诸如，“请问您贵姓？”“您是……”等，待对方回答后再顺水推舟地介绍自己。两人相互认识后希望进一步交往，还可以交换名片，以便今后联系。

三、递接名片

作为交际工具之一的名片，在我国已有 2 000 多年的历史。早在秦汉时期，一些达官贵人便开始使用一种称作“谒”的竹制或木制名片，后改用绢、纸名片；汉末，则改称刺；六朝时称名片为名；唐朝称门状等；明朝称名帖；清朝称名刺、名片，后统称为名片，沿用至今。

今天，拥有名片不再是高官显贵、名流贤达的特权。无论男女老少，不管地位高低，都可以拥有名片。名片不再仅仅是用于通报姓名、身份和结交友人，而且还被广泛用于答谢、邀约（代替请柬）、馈赠、祝贺、挽悼等事宜。例如，当您收到友人的赠礼后，可在名片的姓名下写上“领”字，另起一行顶格写上“谢”字，然后把名片装进信封寄给友人；而你赠人鲜花时可附上一张名片，对方看了名片，便明白是你的心意……随着社会的进步和科技的发展，名片的功能越来越多，而名片的制作也越来越讲究。

（一）名片的种类

现代名片的规格一般为 10 厘米长、6 厘米宽，或略小。世界各国名片规格也不统一，如我国名片规格通常为9厘米×5.5厘米，而英国男女皆宜的名片规格为7.62厘米×5.08厘米。制作名片的材料更是多种多样，有布纹纸、白卡纸、合成纸、皮纹纸，以及不锈钢、黄金和光导纤维等。笔者在埃及留学时，曾收到开罗大学文学院教授的纸草名片。

名片大体上可分为三大类：社交名片、职业名片、商务名片。社交名片一般只印姓名、地址、邮政编码、电话号码；职业名片上除了姓名、地址、邮政编码、电话号码外，还将所在单位、职称、社会兼职等印在上面；商务名片正面内容与职业名片相同，但名片背面通常印上单位经营项目等。

（二）交换名片礼仪

参加社交活动时，宜随身带上几张名片以备用。与初次见面的人相识后，出于礼貌和有意继续交往，便适时递上自己的名片（见图5-4）。

图5-4　交换名片

递、接名片时，如果是单方递、接，应用双手递，双手接；若双方同时交换名片，则应右手递，左手接。接过对方的名片后应点头致谢，真诚地说几句诸如“幸会”之类的客气话，并认真地看一遍名片。最好能将对方的姓名、职务（称）轻声读出来，以示尊重。名片可以暂时摆在桌面上显眼的位置，注意不要在名片上放任何物品。

（三）名片的保存

在社交活动中，收下对方名片后，应放进上衣的口袋，或放入名片盒。回家或回到办公室后，则应将接受的名片分类收进专用名片簿。

收到的名片较多时，可按下列三种方法分类收藏，以便日后查找和使用。

（1）按字母顺序分类。外国友人名片可以按英文字母顺序或其他外国文字字母顺序排列，中国同胞的名片可以按汉语拼音字母顺序或汉字笔画分类排列。

（2）按行业分类。例如，可以把文化界同行的名片放在一起，把企业界朋友的名片放在一起。

（3）按国别或地区分类。每一张名片犹如一张记事卡，可在名片背面记录收到名片的时间与地点等，但不要在名片上乱涂乱画。

双方交换了名片，意味着彼此之间架起了一座交往的桥梁，但不一定就能够成为朋友。因为此时的友谊犹如一株幼苗，只有经过双方长期共同培育，才有希望长成不怕风吹雨打的参天大树。

结合以上知识，本章开始案例中李先生应由秘书引入王总办公室，先等秘书在自己与王总之间进行介绍，然后等王总先伸手自己再伸手相握，时间控制在 3 秒左右，眼神友善并进行言语上的沟通。接着双手奉上名片，将文字正面对准王总，并报上自己的姓名以及单位全称，以后熟悉了可以用简称。

四、握手

古时候，我国士大夫见面时行拱手礼。民国时期，西方的握手礼传入我国。如今，握手已经成为我国民众见面时常用的一种礼节。

（一）握手的由来

握手是人类在长期交往中逐渐形成的一种重要礼节，最早可以追溯到“刀耕火种”的原始时代。那时，人们以木棒或石块为武器，进行狩猎或战争。狩猎中遇到不属于本部落的陌生人，或敌对双方准备和解时，双方都要放下手中的东西，伸出双手，让对方摸一下掌心，以示亲善。这种习惯后来演变成现代的握手礼。

（二）握手的顺序

握手作为一种礼节，遵守“尊者有握手的主动权”原则。在社交场合中握手的顺序应根据握手人的社会地位、年龄、性别和身份来确定。上下级握手，下级要等上级先伸出手；长幼握手，年轻者要等年长者先伸出手；男女握手，男士要等女士伸出手后，方可伸手握之。总而言之，社会地位高者、年长者、女士、主人享有握手的主动权。朋友、平辈见面，先伸出手者则表现出更有礼貌。在正式场合，领导先伸手，而不论年龄和性别。主客相见，主人先伸手，表示欢迎之意；宾客告辞，客人先伸手，表达感谢之情。

（三）握手的规矩

握手作为见面时的一种礼节，有约定俗成的规矩和要求。戴手套的男士握手前应脱下手套，放好或拿在左手上，再和人握手（见图 5-5、图 5-6）。

图 5-5　握手礼仪（女）

图 5-6　握手礼仪（男）

多人同时握手时，注意不要交叉握手，不可左右手同时与两个人相握，也不宜隔着中间的人握手，要等别人先握手，然后再伸手。在来者较多的聚会场所，可只与主人和熟人握握手，向其他人点头致意即可。

除特殊情况外，通常应站着握手，而不要坐着握手；握手须用右手。握手力度的大小和握手时间的长短，往往表明对对方的热情程度。一般情况下，握手用力要适当，时间 2～3 秒即可。久别重逢的朋友握手，时间可长一点，力度可大一点，还可上下摇动，但也不必太使劲，以免把友人的手握疼。过分热情，效果会适得其反。

在一般社交场合，男女握手时，女士只需轻轻地伸出手掌；男士稍稍握一下女士的手指部分即可，不要用双手握同辈女士的手，也不要握得太紧，更不要握得太久。但公务活动除外。

第二节　约请与应邀礼仪

一、约请

一般而言，比较正式的会面都会先发出约请。

（一）约请的种类

约请分为口头约请和书面约请两种。

1. 口头约请

口头约请即当面或打电话将活动目的、时间、地点告诉对方。

2. 书面约请

下面以规格较高的外事约请为例，其他约请则相对简单一些，可参照。

书面约请分为发请柬（亦称“请帖”）与发便函两种。有些国家，邀请最高领导人作为主宾参加活动，须单独发邀请函，其他宾客发请柬。发请柬既表示对客人的尊敬，也表明邀请者的诚意和郑重态度。

请柬一般提前 1～2 周发出，以便被邀请人及早安排。已经口头约妥的活动，补送请柬时，在请柬右上方或下方注上“To remind”（备忘）字样；需安排座位的活动，请柬上一般用法文缩写注上“R. S. V. P.”（请答复）字样；如果只需要不出席者答复，则可注上“Regrets only”（因故不能出席者请答复）。

请柬内容包括活动的目的、名义、时间、地点。中文请柬行文不用标点符号，所提到的人名、单位名、节日名称都应用全称。中文请柬行文中不提被邀请人姓名（其姓名写在请柬信封上），主人姓名（如以单位名义邀请，则用单位名称）放在落款处。请柬既可以印刷也可以手写，字迹应美观、清晰。中文请柬格式示例如下：

为庆祝某公司成立××周年谨订于××××年×月×日（星期×）下午×时在××××举行招待会

敬请

光临

×××

（主人姓名）

（请进×门）

请柬信封上被邀请人的姓名、职务书写要准确。所举办活动对服装有要求，应注明是正式服装还是便服。如已排好座次，应在请柬信封下角注明。

便函多用于非正式活动，起通知作用。

（二）约请应做的工作

（1）确定活动目的、邀请范围，注意被邀请人同主宾是否有矛盾。

（2）确定时间、地点。选择时间要考虑客方的习俗。

（3）举办宴会，应注意客人的饮食禁忌。

（4）布置会场，安排座次。

（5）及时发出请柬或便函。

二、应邀

应邀是接到邀请后做出的反应，应讲究有关礼仪。

（一）及时答复

被邀请人接到邀请后，不论是否接受对方的约请，都应及时回复。既可给予书面答复，也可以做口头答复。若因故不能赴约，应婉言说明。

（二）应邀注意事项

（1）核定邀请范围，是否携带夫人、子女。留意服装要求。

（2）若应邀参加节日、生日庆贺活动，应准备鲜花等礼品；若应邀参加自费聚会，应带钱前往。

（3）准时赴约，到达现场后，应主动与站在门口迎接的东道主或工作人员打招呼。

（4）入座前看准自己的座次，不是主宾一定注意不要坐在主宾座位。

（5）活动结束时向主人告别，表达赞美和谢意，并酌情与周围的人话别。

第三节 拜访与做客礼仪

一、拜访

1. 事先预约，不做不速之客

拜访友人，务必选好时机，事先约定，这是进行拜访活动的首要原则。一般而言，当决定要去拜访某位友人，应写信或打电话取得联系，约定宾主双方都认为比较合适的会面地点和时间，并把访问的意图告诉对方。预约的语言、口气应该是友好、请求、商量式的，而不能是强求命令式的。在对外交往中，未曾约定的拜会，属失礼之举，是不受欢迎的。因事急或事先并无约定，但又必须前往时，则应尽量避免在深夜打搅对方；如万不得已非得在休息时间约见对方不可时，则应见到主人立即致歉，说“对不起，打搅了”，并说明打搅的原因。

2. 如期而至，不做失约之客

宾主双方约定了会面的具体时间，作为访问者应履约守时，如期而至。既不能随意变动时间，打乱主人的安排，也不能迟到或早到，准时到达才最为得体。如因故迟到，应向主人道歉；如因故失约，应在事先诚恳而婉转地说明。在对外交往中，更应严格遵守时间，有的国家安排拜访时间常以分为计算单位，如拜访迟到 10 分钟，对方就会谢绝拜会。准时赴约是国际交往的基本要求。

3. 彬彬有礼，不做冒失之客

无论是办公室还是寓所拜访，一般要坚持“客听主安排”的原则。如是到主人寓所拜访，作为客人进入主人寓所之前，应轻轻叩门或按门铃，待有回音或有人开门相让，方可进入。若是主人亲自开门相迎，见面后应热情向其问好；若是主人夫妇同时起身相迎，则应先问候女主人好。若不认识出来开门的人，则应问：“请问，这是××先生（女士）的家吗?”得到准确回答后方可进门。当主人把来访者介绍给他的妻子或丈夫相识，或向来访者介绍家人时，都要热情地向对方点头致意或握手问好。见到主人的长辈应恭敬地请安，并问候家中其他成员。当主人请坐时，应道声“谢谢”，并按主人指点的座位入座。主人上茶时，要起身双手接迎，并热情道谢。对后来的客人应起身相迎；必要时，应主动告辞。如带小孩做客，要教以礼貌待人，尊敬地称呼主人家所有的人。如主人家中养有狗和猫，不应表示害怕、讨厌，不应去踢它、赶它。

4. 衣冠整洁，不做邋遢之客

为了对主人表示敬重之意，拜访做客要仪表端庄，衣着整洁。入室之前要在踏垫上擦净鞋底，不要把脏物带进主人家里。夏天进屋后再热也不应脱掉衬衫、长裤，冬天进屋再冷也应摘下帽子，有时还应脱下大衣和围巾，并切忌说“冷”，以免引起主人误会。在主人家中要讲究卫生，不要把主人的房间弄得烟雾腾腾，糖纸、果皮、果核应放在茶几上或果皮盒内。身患疾病，尤其是传染病者，不应走亲访友。不洁之客、带病之客都是不受欢迎的。

5. 文雅得体，不做粗俗之客

古人云："入其家者避其讳。"人们常说，主雅客来勤；反之，也可以说客雅方受主欢迎。在普通朋友家里，不要乱脱、乱扔衣服。与主人关系再好，也不要翻动主人的书信和工艺品。未经主人相让，不要擅入主人卧室、书屋，更不要在桌上乱翻，床上乱躺。做客的坐姿也要注意文雅。同主人谈话，态度要诚恳自然，不要自以为是地评论主人家的陈设，也不要谈论主人的长短和扫兴的事。交谈时，如有长辈在座，应用心听长者谈话，不要随便插话或打断别人的谈话。

6. 适时告辞，不做难辞之客

对于拜访要达到什么目的，事先要有打算，以免拜访时跑"马拉松"，若无要事相商，停留时间不要过长、过晚，以不超过半小时为宜。在别人家中无谓地消磨时光是不礼貌的。拜访目的已达到，见主人显得疲乏，或意欲他为或还有其他客人，便应适时告辞。

二、做客

（一）客随主便，注意举止

做客时，约束自己的举止，未经许可，不应四处走动或东张西望。在别人办公室，未经许可翻动物品也是不礼貌的行为。除非是主人提供给你的或者报架上的书刊，否则即使桌上有，也应先征求意见。

当主人或工作人员奉茶时，应立即欠身双手相接，并致谢。如果茶水太烫，要等晾凉再喝，必要时也可以把杯盖揭开，不要一边吹一边喝。把杯盖放到茶几上的时候，盖口朝上。喝茶时要慢慢品饮，不宜啜出声音。

如果主人没有主动请抽烟，身为客人不宜主动提出要求。主人不抽，即使请你抽，你也不应抽。做客当中，不应给主人添额外的麻烦，不提额外要求。我们中国人性格相对内敛而好面子，对客人的要求往往都不好意思拒绝。

（二）和谐为上

交谈中，努力营造出和谐、融洽的交谈氛围。即使双方观点不同，也没有必要因此和主人发生争执而失礼。在礼貌提出自己观点的同时，对主人的不同意见应表示尊重。做客目的是表达友谊或者沟通事宜。所以，即使主人一时失礼，只要不涉及人格尊严，都应克制，保持客人应有的风度和大度。

做客当中，除了面谈事项必须表达明确观点，其他事宜都不应表现出否定或者猜疑。比如否定主人寒暄内容中的不同观点，向主人抱怨拜访地点不好找、环境或设施陈旧、员工工作服不美观等。或许是事实，但也可能是你的观点或者角度有问题。但不管怎么样，这总是难以让人高兴起来。这样的客人，无疑是非常不识趣的。

（三）适时告辞

做客必须适时告辞。如果已经约好见面的时间长度，到点就应该告辞。双方事先没有约定见面时间长短，一般以 1 小时为限。当双方谈完事情，就应及时起身告辞。到了休息时间，毫无疑问也应告辞。除非你想请对方吃饭，或者对方请你吃饭，否则快到用餐时间应起身告辞。当有其他人来访时也应尽快告辞。

有一些主观情况发生时，拜访者也要及时“知趣”而退：当主人表现出非常疲倦的样子；双方话不投机，或当你说话的时候，主人反应冷淡，甚至不愿搭理；主人站起身来，或是把你们的谈话总结了一下，并说出以后可以再继续交流的话；主人虽然显得很“认真”，但反复看手表或时钟。

提出告辞时，主人往往会说上几句“再坐坐”之类的客套话，往往只是纯粹的礼节性客套。所以，如果没有非说不可的话，就要毫不犹豫地起身告辞。

告别前，应该对主人的友好、热情等给以适当的肯定，并说一些“打扰了”“添麻烦了”“谢谢了”之类的客套话。如果必要，还可以说些诸如：“这两个小时过得真快!”“和您说话真是一种享受”“请您以后多指教”“希望我们以后能多多合作”等。起身告退的时候，如果还有其他客人，即使不熟悉，也要遵守“前客让后客”的原则，礼貌地向他们打招呼。

如果主人相送，送上几步后，你可以说“请留步”之类的客套话，主动向主人伸出手相握，以示告别，并请其留步。

第四节　馈赠礼仪

王先生和李小姐不久前喜结良缘，可在大喜的日子里，他俩却有点犯愁。原来亲朋好友送来的贺礼中，多数是电饭煲。看着一大排电饭煲，王先生和李小姐不知如何处理才好。由此看来，送礼也应当有所讲究。

一、见机行事

送礼是人之常情，也是人际交往的一种重要形式，人们通过送礼表达心意。送礼要掌握好时机，逢年过节，亲友间你来我往，互赠礼品，以联络感情；同学、同事过生日或乔迁新居时，送去一份礼品，以示祝贺；接受别人帮助后，适时送一些礼物，表达感激之情；探望生病住院的友人时，送上些水果、营养品或一束鲜花等，以示关心；应邀做客时，给主人带份礼物，以表谢意。此外，给即将出远门的老乡送点旅途用品，以及给生活困难的亲友必要的接济等。总之，送礼应见机行事，合乎情理，而不要盲目地、无缘无故地送礼。否则，自己破费了不说，还让受礼人感到突然和不安。

送礼贵在及时，要“雪中送炭”，送在“节骨眼上”，而不要“雨后送伞”。例如，一位好友的生日过了几天后，方才想起应送一份贺礼。此时，事过境迁，再送贺礼缺乏底蕴与情趣，倒不如另择时机，聊表心意。

二、投其所好

送礼的对象多种多样，由于每个人的阅历、爱好不同，故而对物品的喜欢也不尽相同。因此，送礼若想博得对方的“欢心”，就需要了解对方的爱好，“投其所好”，选送给对方钟爱的物品。例如，给书法爱好者送一套文房四宝——纸、墨、笔、砚或一方名砚，给酷爱垂钓者送一副渔具或一根钓竿，给乒乓球爱好者送一件运动衣或一对乒乓球拍……

送礼应讲究针对性，因人而异。例如，给腿脚不灵的老人送一根雕刻精美的手杖，给天真活泼的儿童送一盒智力玩具或学习用品，给恋人送一枚雅致的叶脉书签，给丈夫送一条漂亮的领带，给妻子送一条美丽的围巾等。给家境宽裕者送礼，宜讲究礼品的艺术性；给经济拮据者送礼，则应注重礼品的实用性，如送食物等实惠的东西。

常言说："千里送鹅毛，礼轻情意重。"送礼贵在情真意切，送礼者往往受自身经济条件的限制，切不可"打肿脸充胖子"，送礼应量力而行，尽可能选择新颖、别致、稀奇的礼品，不落俗套，而不必一味追求贵重。此外，赠送的礼品应避免雷同。前面提到的新婚贺礼——一大排电饭煲，就不尽如人意。其实，送一个典雅的床罩或一套高级茶具或一张纯棉桌布做贺礼，也未尝不可。倘若与受礼人关系很好，不妨打听一下新房还缺什么，以便选购奉上，满足对方的需要。甚至可以邀他（她）一起去商场购买中意的物品，效果也许更佳。

这是华中农业大学的纪念品（见图 5－7）——一枚图案和文字分别由双色植物种子一颗颗镶拼而成学校 logo 的工艺品，既体现学校特色，又是手工制作，可谓弥足珍贵。

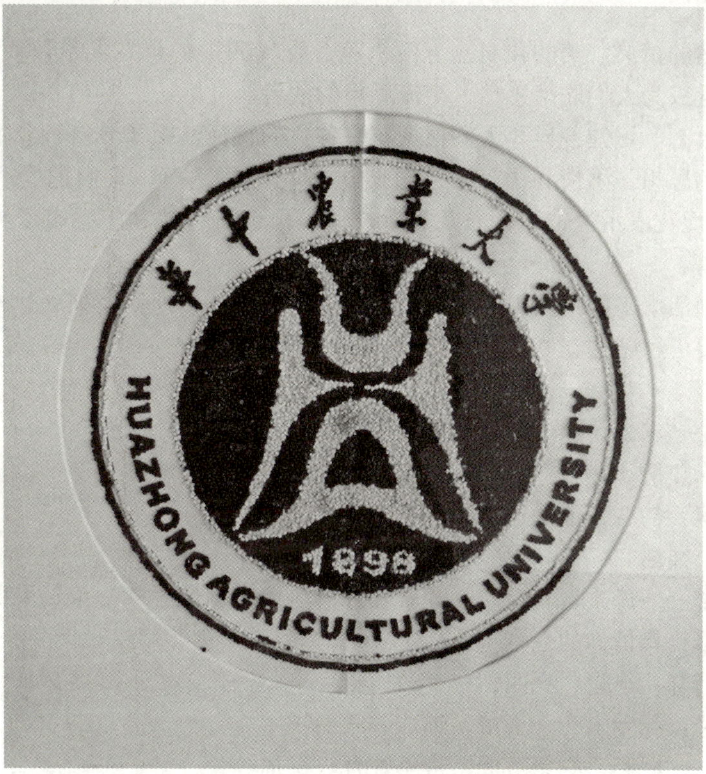

图 5－7　华中农业大学纪念品

三、讲究方式

送礼要选择恰当的时机，准备合适的礼品。此外，还应讲究送礼礼仪。

选购好礼物后，可请售货员帮忙包装好。礼品上若有价格标签，送人前应取下标签。若是自己制作的礼品，最好用专用的礼品纸包好，然后用彩带系成花结。经过精心包装的礼品看起来更精美，也显示出送礼人的深情厚谊。

送礼一般由送礼人当面送给受礼人，通常在刚见面时或临分手之前送上。送礼时要热情大方，礼貌地用双手或右手把礼品交给受礼人，同时讲几句表达心意的话。送礼时切忌摆出一副救世主的面孔，仿佛施舍于人，会令受礼人一肚子不痛快，进而产生抵触情绪；当然也不要畏畏缩缩或表现出无可奈何、不得已而为之的样子；更不要到处宣扬送礼事宜，使受礼人产生不快甚至精神上的压力。

作为受礼人，双手接过礼品时要表达谢意，而不要显得无动于衷。即使收到的礼品不称心，也不能表露在脸上。作为受礼人，应重视别人的情意，而不必太在乎礼物的价值和功能。

接受别人馈赠后，除了办丧事等特殊情况，接受赠礼后不宜立即还礼外，一般要尽快还礼，或待适当时机给予回赠，以加强交流，增进情谊。“礼尚往来”是中国人民世代相传的传统美德，值得继承和发扬光大。

四、送花礼仪

花是大自然的精灵，美的化身。五颜六色、香气四溢的鲜花，不仅让人们赏心悦目，心旷神怡，而且成为人们联络感情、交流思想的使者。

花，千姿百态，习性各异。人们根据花卉各自的特征，赋予其一种象征意义，进而用花来表达自己的思想、感情和语言，通过赠送鲜花传情达意。人们把这一方式称为“花语”。例如，玫瑰花表示爱情，秋海棠表示友谊，白色百合花和丁香表示纯洁，水仙花则意味着冷酷无情。

随着人们生活水平的不断提高，人们在交流中越来越多地用花来表达自己的思想、感情。因此，需要了解赠送花卉的礼仪常识。

1. 花语

(1) 玫瑰——求爱、初恋、爱情、爱与美。

红色玫瑰：热情、热爱；

粉红色玫瑰：初恋、浪漫；

白色玫瑰：纯洁。

(2) 康乃馨——母亲，我爱您；健康长寿；热情；真情。

红色康乃馨：相信你的爱；

粉红色康乃馨：热爱、亮丽；

白色康乃馨：我爱永在、真情、纯洁。

(3) 百合——顺利、心想事成、百年好合、祝福。

香水百合：纯洁、文静、高贵、婚礼的祝福；

白色百合：庄严、心心相印。

(4) 天堂鸟——大鹏展翅、自由、幸福、快乐、热恋中的情人。

(5) 满天星——关怀、淡泊名利、清纯、高雅（主要用于配花）。

(6) 非洲菊——热情、大方、坚强。

(7) 勿忘我——永恒、真挚。

（8）并蒂莲——夫妻恩爱、吉祥如意。

（9）郁金香——爱情、胜利、祝福。

红色郁金香：爱的宣言；

粉红色郁金香：热恋、幸福；

黄色郁金香：珍重、财富；

紫色郁金香：忠贞、最爱。

（10）剑兰——生活美满、步步高升、健康安宁。

（11）红掌——大展宏图、热情、奔放。

（12）向日葵——光明、忠诚、爱慕、活力。

（13）牡丹花——高贵、美丽、繁荣、昌盛。

2. 送花的艺术

（1）为老人贺寿，一般选送百合花、长寿花、万年青等鲜花，祝贺老人健康长寿。如果为老人举办寿辰庆典，为表示隆重、喜庆，可送玫瑰花篮。也可以根据老人的喜好进行选择、搭配。

（2）为中青年人祝贺生日，可以选送百合花、一品红、石榴花等鲜花，表示火红年华和前程似锦。

（3）祝贺热恋中的青年男女或朋友新婚，可选送玫瑰花、郁金香、天堂鸟、百合花、并蒂莲、非洲菊等，还可以送花篮，表示热烈吉庆，象征新婚夫妇幸福美好、白头偕老。

（4）探视病人，最好选择香味清淡的鲜花，如兰花、马蹄莲、水仙花等，不宜选择颜色太艳、香味太浓的花。对容易过敏的病人不宜送花。建议不要给病人选送盆花，以免误会成“久病生根”。

（5）春节时，可以选择表示吉祥、喜庆、欢乐、富贵寓意的玫瑰、剑兰、水仙、百合、天堂鸟等鲜花送给亲友。

（6）母亲节来临时，可选择康乃馨或香水百合、玫瑰等鲜花献给母亲。

（7）父亲节来临时，可选择表示威严意味的百合或飞燕草、剑兰等鲜花献给父亲。

3. 送花的禁忌

送花要因人、因场合而异。要了解地区、国家、民族不同的送花习俗。

桃花含有红火之意，如果给中国南方的生意人送花最好送桃花，而不要送梅花和茉莉花。因为，梅花的“梅”字和“霉”发音相同，茉莉花的“茉莉”二字和“没利”（方言）发音相同，被认为不吉利。

在中国的广州、香港地区，探望病人的时候，要避免送剑兰，因剑兰和“见难”发音相近。

第五节　舞会礼仪

舞会是人们喜欢的社交方式。参加舞会，不仅可以广交朋友，沟通信息，还可以陶冶性情，锻炼身体。参加舞会是一种集交往与娱乐为一体的社交活动。

1. 舞会的组织

（1）举办舞会要选好时间、地点。

舞会一般在节假日、周末举行，时间最好是晚 8 时到 12 时。舞场应选择交通比较方便、场所比较宽敞的地点。

（2）做好舞会准备工作。

举办舞会应事先准备好场内设施，如灯光、音响等；装饰好花纸、彩带；地板宜光滑，可以酌情上蜡；备好饮料、点心、水果、干果；备好椅子等。举办大型舞会要选好主持人、歌手、乐手。

（3）舞会准备妥当后，要及时出通知或发请柬，以便参加者有所准备。

2. 参加舞会

参加舞会者要了解和遵循下列舞会礼仪：

（1）容貌整洁。

参加舞会者赴会前，要整理好自己的容貌。无论男士还是女士，都应洗净脸和手，梳理好头发。

（2）服饰适宜。

女士服装一般以亮色为主，既色彩明快又美观醒目，还可配以合适的饰物。除了色彩外，衣服要合身、轻便，亦可根据环境、季节，选择合适的服饰。舒适飘逸的长裙是最好的选择。

男士一般西装革履，也可穿较随意的衣服。参加隆重的舞会除穿西装、皮鞋，还可穿燕尾服。参加舞会的男士和女士，衣服都不宜过肥和过瘦，因为服装过松和过紧，都会影响舞姿和舞步。参加舞会者宜穿皮鞋，而不要穿凉鞋、拖鞋或运动鞋。参加室内舞会不可戴墨镜。

（3）讲究公德。

参加舞会者当天最好不要吃葱、蒜、韭菜、萝卜干等带刺激气味的食品，以免影响同与会者的交往与交流。

参加舞会要自觉维护舞场卫生，不要在舞场内吸烟、喝酒，不要乱扔果皮、纸屑等。

3. 邀舞礼仪

在舞会上，一般是男士主动邀请女士跳舞，女士也可以邀请男士共舞。请人跳舞应讲究以下礼仪：

（1）选择舞伴。

独身前往舞会的男士，首先选择的舞伴应该是没有男士相伴的女士。待三支舞曲过后，才可以邀请有男士相伴的女士。

选择舞伴时应考虑年龄、身材、气质等，宜找舞技水平相近者。选择舞伴不必局限于少数几个人，最好不要请热恋中的情侣的一方为舞伴，更不要争相邀请一两位时髦、漂亮的女士。

（2）邀舞礼仪。

当舞曲声起时，男士步履庄重地走到事先选好的女士面前，右手前伸，略弯腰鞠躬，含笑点头致意，然后轻声说："请您跳个舞，可以吗？"

倘若被邀请的女士有男友在场，应先有礼貌地征得其男友的同意，得到允诺后再邀请他的女友。

对于新结识的女伴，不要拉着她的手将其导入舞池，而应或前或后相伴步入舞池。

邀舞时一旦遭到女方拒绝，不要生气和灰心，只需稍稍退后一步，说一声“对不起”，便可转身离开另找舞伴。

在舞场，切忌叼着香烟请人跳舞。一曲完毕，男士应向女士道谢，并把女士送回到原来的座位。女士落座后，男士应再次道谢，女士也应含笑答礼。

（3）拒邀礼仪。

一般说来，被邀请者最好不要谢绝对方的邀请。如果决定谢绝，可以含笑婉言说明原因，如说：“对不起，我不会跳这种舞。”或者说：“请原谅，我想休息一下。”如果事先已答应和别人共舞，此时又有人前来邀请，这时不妨明说：“已有人邀舞了，请等下一曲吧。”

当女士在一曲开始时已谢绝了某人的邀请，此曲未终时，暂不要同别的男士共舞，以免前者心中不快。

拒绝别人邀请时，应表情亲切，态度和蔼，切不可板着脸拒绝，更不要恶语相加。

4. 跳舞时应具有的风度

风度是一个人的言谈、举止、气质和作风等方面的综合表现。

跳舞的风度主要是指人在跳舞时的姿态和表情。在舞会上，男士应表现出绅士风度，女士则应展现淑女风采。一般要求如下：

（1）男士与女士共舞时，男士的右手掌心向下，以大拇指的背面轻轻地将女士的腰肢挽住，左手使左臂以弧形向上与肩部成水平线举起，掌心向上，拇指平展，只将女伴的右掌轻轻托住。女士的左手应轻轻地放在男士的右肩上，右手轻轻地搭在男士的左手上。男士不要强拉硬拽，女士不挂、扑、靠、扭。

（2）跳交谊舞时，舞姿要端庄、大方，整个身体应保持平、正、直、稳。无论是前进、后退还是旋转，都要掌握好身体重心。

（3）在舞场上，男女双方身体应保持一掌左右的间距，不要紧紧地搂抱在一起。女士用双手搂住男士的脖子跳舞，也不大雅观。

（4）跳舞时神情要轻松、自然，说话要和气，不要粗声粗气。

（5）当舞场上人多拥挤时，一对舞伴可以采取碎步慢舞，待他人走过去之后，再放开舞步。

（6）青年男女跳霹雳舞、太空舞等舞蹈时，舞姿可以更加自由、放松、随意。

本章要点

本章介绍了会面、约请与应邀、拜访与做客、馈赠及舞会礼仪。参加社交活动，既要细致周到，又要热情有度；既要讲究规则，又要灵活变通。掌握了这些礼仪，迎来送往，如鱼得水，交朋结友，游刃有余。社交的关键是能够让对方感受到你的诚意以及对他的重视。只有尊重他人，方能成就自己。

思考训练

一、单选题

1. 出入无人驾驶升降式电梯的顺序是（　　）。

A. 陪同人员需要后入，先出　　B. 陪同人员需要先入，后出

C. 陪同人员与客人一起出入　　D. 客人需要先入，后出

2. 以下做法正确的是（　　）。

A. 室内灯光昏暗，陪同接待人员要先进，后出

B. 一男一女上楼，下楼，女后，男先

C. 出入无人值守的电梯时，陪同人员先进，先出

D. 以上说法都正确

3. 以下做法不正确的是（　　）。

A. 一男士把自己的名片递给一女士，该男士走向女士，右手从上衣口袋取出名片，两手捏其上角，正面微倾递上

B. 一女士把自己的名片递给一男士，该男士双手接过，认真默读一遍，然后道："王经理，很高兴认识您！"

C. 一男士与一女士见面，男士首先伸出手来，与女士相握

D. 一青年男士与一中年男士握手，中年男士首先伸出右手，青年与之相握，双方微笑，寒暄

4. 介绍他人时，不符合礼仪先后顺序的是（　　）。

A. 介绍长辈与晚辈认识时，应先介绍晚辈，后介绍长辈

B. 介绍女士与男士认识时，应先介绍男士，后介绍女士

C. 介绍已婚者与未婚者认识时，应先介绍已婚者，后介绍未婚者

D. 介绍来宾与主人认识时，应先介绍主人，后介绍来宾

5. 关于握手的礼仪，描述不正确的是（　　）。

A. 先伸手者为地位低者

B. 客人到来之时，应该主人先伸手；客人离开时，客人先握手

C. 下级与上级握手，应该在上级伸手之后再伸手

D. 男士与女士握手，男士应该在女士伸手之后再伸手

参考答案：

B、A、C、C、A

二、阅读思考题

在广告公司上班的部门经理张伟与公司门卫的关系处得好，平时进出公司大门时，门卫都以伟哥相称，张经理也觉得这种称呼很亲切。这天张经理陪同几位来自香港的客人一同进入公司，门卫看到张经理一行人，又热情地打招呼道："伟哥好！几位大哥好！"谁知

随行的香港客人觉得很诧异，其中有一位还面露不悦之色。

讨论：

1. 为什么门卫平时亲切的称呼，在这时却让几位香港客人诧异甚至不悦？

2. 门卫的称呼有何不妥，应该如何称呼？

三、案例分析题

某公司新建的办公大楼需要添置一系列的办公家具，价值数百万元。公司的总经理已做了决定，向 A 公司购买这批办公用具。

这天，A 公司的销售部负责人打电话来，要上门拜访这位总经理。总经理打算等对方来了，就在订单上盖章，定下这笔生意。

不料对方比预定的时间提前了两个小时，原来对方听说这家公司的员工宿舍也要在近期内落成，希望员工宿舍需要的家具也能向 A 公司购买。为了谈这件事，销售负责人还带来了一大堆的资料，摆满了台面。总经理没料到对方会提前到访，刚好手边又有事，便请秘书让对方等一会儿。这位销售员等了不到半小时，就开始不耐烦了，一边收拾起资料一边说："我还是改天再来拜访吧。"

这时，总经理发现在对方收拾资料准备离开时，自己刚才递上的名片不小心掉在了地上，对方却并没发觉，走时还无意地从名片上踩了过去。这个不小心的失误，却令总经理改变了初衷，A 公司不仅没有机会与对方商谈员工宿舍的设备购买，连几乎到手的数百万元办公用具的生意也告吹了。

1. 根据案例内容，用商务礼仪的相关知识分析为什么 A 公司这次的业务会失败。

提示：A 公司销售部负责人没有按照预约的时间到达，而是早到太久，让对方感到很仓促；由于自己的提早到达还显得不耐烦，这是失礼之处；将对方的名片落在地上，甚至踩了上去，更是失礼。

2. 请列举本案例中运用到的商务礼仪知识。

提示：主要用到了拜访礼仪及递接名片礼仪。

3. 如果你是本案例中 A 公司的销售部负责人，你如何与那位总经理见面？

提示：（1）守时践约，提前 5 分钟左右到达。（2）进行通报，让秘书先向总经理打招呼，自己耐心等待。（3）登门有礼，与对方接待人员热情打招呼。（4）举止有方，具体为与对方友好交谈和交换名片。

四、思考训练题

1. 下面这篇短文，对你成就事业、维护人际关系有哪些启示？你认为人与人之间应如何相处？请以小组为单位，每人进行三分钟的演讲。

把车子停在最远处

在单位停车场停车时，先到的员工是把车停在办公楼的近处还是远处？一般说来，早起的鸟儿有虫吃，先到者当然把车停放在近处。

然而，在沃尔沃集团公司总部却刚好相反，先到者总会把车停在远处，而这个停车场超大，可供2 000辆车停泊，最远处离办公楼足有1 000多米，即使小跑过去也需要十几分钟。

也许有人会说，下班时离开办公楼一定是从远到近，先到办公室的先离开，这样也就拉平了。其实并非如此，而是停在近处的员工先离去。

早到的晚走，上一次班就要多花半个多小时，难道公司对停车有规定吗？

沃尔沃集团公司总部坐落在瑞典哥德堡，除了大型停车场外，还建有运动场、娱乐场。房屋鳞次栉比，林木掩翳，四处鸟语花香。有一名男子有幸与之为邻后，对他们的管理非常佩服，特别想对其停车情况一探究竟。

这名男子特意放了一架摄像机在自家的窗口。一周后，男子通过对摄下的图片进行分析研究，发现早去的差不多都是那些人。早上8点上班，7点左右他们就到了，下班时停在近处的车依次走完后，这些员工才发动自己的车。

他们为何要这么做呢？男子恰好成了一家报社的特约记者，于是他去做了一次采访。“你们到得早，却把车停放在最远处，员工的停车位是相对固定的吗？”被采访的人摇了摇头，指着路边枝叶婆娑的树说：“除了各种建筑设施，该固定的只有这些树！”

几天后，一篇文章见报了，作者在文章最后说：“这不是公司的规定，只是为其他同事考虑：那些到得迟的人，因家务事比较多，要是不能把车停在办公楼的近处就会迟到。简单的想法，其实蕴含着深刻的道理：多为别人着想，团体才有力量，事业才会更发达，员工个人的路也会走得更远。”

那些把车停在远处的员工看了这篇报道后，便给那名男子即文章的作者打了电话：“我们没有你说的那么好，我们这样做，只是一种回报——因为我们也将车停放到近处过，那时我们每天要送小孩上学。”男子这才记起一个细节，把车停放在远处的人年龄一般要偏大一些。

资料来源：把车子停在最远处．(2016－06－05)．http://www.goodook.com/xueshulunwen/119759.html.

2. 林语堂曾说：豁达的人生观，率真无伪的态度，加上炉火纯青的技巧，再以轻松愉快的方式表达出来，这便是幽默。幽默不是一种技巧，而是一种生活态度。幽默的人能将生活的小郁闷和人生的大坎坷都拿来调侃一番，无论顺境还是逆境都能在其中发现生活的小情趣。如果你会幽默，那么你是一个幸运的人；如果你不会幽默，那么你至少要会去欣赏幽默。下面是网上一篇颇受欢迎的文章，读后你有何启示？请试着用幽默的方式与人相处，并进行一分钟的演讲。

你幽默的样子真好看

01

和具有幽默感的男人在一起，人生处处都是喜剧，生活充满情趣，时不时来个小确幸，幸福感满满。

昨天在公交车上遇见一对情侣，女生特别爱玩，当着全车人的面突然对男朋友说了一句：“葵花点穴手！”当时所有人都在等那男生怎么反应，只见他僵在那里，特别尴尬地回道：“媳妇儿，快别闹了，这么多人看着呢，快给我解开。”瞬间就被暖化，觉得那姑娘肯定特幸福！

想起有次下班，同事老公骑摩托车去地铁口接她，同事上车前问道：“到××花园多少钱?”她老公说:“亲一下就免费带你去”。同事娇羞地亲了一下坐上车,看得周围拉客的摩托佬目瞪口呆。

以上是网友的甜蜜分享。倘若碰上一个没有幽默感的男人,估计只会劈头盖脸来一句:“闹什么闹!”一个人的有趣变成了两个人的尴尬和郁闷,结局只会不欢而散。

02

人和人相处小矛盾、小摩擦、小尴尬在所难免,但具有幽默感的人,往往一句话就可将它们轻松化解。

再幸福的婚姻也有100次想离婚的念头和50次想掐死对方的冲动,而老公很有幽默感的体验就是:每次吵架不超过10分钟。

吃饭时,我们正闹矛盾,只见他拿起一个大鸡腿,讨好地放在我面前:“喏,我把我的最爱给你。”我反问道:“你的最爱不是我吗?”他故作高深:“我跟鸡腿说话呢,你说你插什么嘴。”听到这句话,当时就怒火全消。

那时我们异地,某天吵得很凶,我一直哭,他说给我买巧克力,吃甜食心情好。第二天早晨一个包裹扔到我桌子上:“签个字吧!”正纳闷这次快递小哥也太迅速了,一抬头看见他摘掉帽子傻傻地朝我笑,据说后来我是扑上去的……

有次我们正吵得不可开交,他突然一歪,倒在沙发上,双手抱头做痛苦状:“为什么,为什么,为什么我到现在还学不会和长得好看的人交流?”

有这样既有幽默感又有觉悟的老公,还没真的生气就已被他逗乐,哪儿还能吵得起来呢?

03

幽默不仅是最轻松的调剂,也是最高级的防御,有幽默感的人总能不留痕迹地优雅拒绝,有力反驳。

某天,幽默大师萧伯纳正在一条狭窄的路上行走,遇到一个对他不满的同行,那人想侮辱他,对他说:“我从不给傻瓜让路的。”萧伯纳答道:“而我正好相反。”说完便让开路来。轻松一句话就让侮辱他的人哑口无言。

然而,这种防御力若出现在老爸身上真让人招架不住。我们再来看看网友的智慧老爸。

上学期突发奇想,想染一头橘红毛,跟我爸商量,谁知我爸来一句:“丑不丑先放一边,你怎么逃课呢?”我顿时语塞,无力反驳。

刚刚给老爸发短信,说到最近临近放假,手头有点吃紧,快点派发1 000元来赈灾。过一会儿,支付宝提醒到账100,还附加一条留言:你说你都是读大学的人了,100都不会写,还多加个0,以后要记得好好学习。

04

幽默不仅能让人破涕为笑,真正的幽默亦能让人笑中带泪。

萧伯纳说:“幽默就像马车上的弹簧,没有它,一块小石子就让你很颠簸。”生活中不如意十有八九,但幽默的人却能笑看不如意并将其拿来调侃一番。

幽默的最高境界是连死亡都可笑着面对:十多年前,爷爷得了癌症,弥留之际他把我们全部叫到身边说了好多话，最后，爷爷呼吸急促，就死了。然而正在我们哭天抢地的时候，爷爷突然睁开眼，哈哈地对着我们乐："逗你们呢，我就看看谁没哭。"说完这句话，爷爷就走了，再也没有回来。

学着做个幽默的人，因为你幽默的样子真的很美。

资料来源：树树．你幽默的样子真好看．搜狐时尚，2016－11－21.

第六章 餐饮礼仪

学习目标

了解并掌握中西餐礼仪；
正确宴请或赴宴；
知晓中西方饮食的异同；
享受丰富多彩的餐饮文化。

案例导入

格力集团董事长董明珠很看重餐桌礼仪和人的吃相，并以此为看人的一个标准。如果一位下属就餐时，把鱼刺或骨头咬成很小的碎块，毫无顾忌地堆放在桌子上，董明珠就认为这样的人缺乏全局观念，是不能给予大任的。

案例分析：

其实，并非只有企业家看重人的吃相，生活中绝大多数人亦如此。就餐也是中国传统礼仪中很重要的一环。吐出来的鱼刺或骨头，可用餐巾纸包裹好放在碟子里，避免直接放在餐桌上。餐桌礼仪，看似严苛，其实只要加强日常训练，就不难做到，你也就会变成一位有吃相的优雅女士或儒雅男士。

学习内容

餐饮礼仪是人们在饮食活动中应遵循的社会道德规范。

饮食是人类赖以生存的基本生活方式，古人云“民以食为天”，足见饮食在人们生活中的重要性。饮食又是人类社会礼仪产生的源泉，《礼记·礼运》中说：“夫礼之初，始诸饮食。”最早的食礼，源于远古祭神仪式。《礼记·礼运》说：“其燔黍捭豚，污尊而抔饮，蒉桴而土鼓，犹若可以致其敬于鬼神。”其意是说，原始社会的先民，将黍米和猪肉放在烧石上烤熟，在地上凿坑当作酒尊用手掬捧，还用茅草包土扎成槌子敲击土鼓，以此表示对鬼神的敬畏和祭祀。

随着社会的发展，先民对自然界的变化和社会复杂关系有了进一步认识，仅以祭神祀祖为礼，已不能满足他们日益发展的精神需要，不能调节日益复杂的人际关系，于是，礼仪的范围和内容就从各种“神事”拓展到各种“人事”，这便是郭沫若《十批判书》中所讲的“礼之起，起于祀神，其后扩展而为人，更其后而为吉、凶、军、宾、嘉等各种仪制”，从而奠定了古代饮食礼仪的基石。

第一节　宴会礼仪

宴请是常见的交际形式之一。可根据活动目的、邀请对象以及经费开支等因素，举办不同形式的宴会。

一、宴请

（一）宴请的形式

通常的宴请形式有四种：宴会、招待会、茶会、工作进餐。每种形式的宴请均有特定的规格及要求。

1. 宴会

宴会是盛情邀请贵宾饮酒吃饭的聚会。宴会有国宴、正式宴会、便宴、家宴之分。按举行的时间，又有早宴、午宴、晚宴之分。其中，晚宴最隆重。

（1）国宴。它是国家元首或政府首脑为国家的庆典或为外国元首、政府首脑来访而举行的正式宴会，需要排座次，宴会厅内挂国旗。宾主入席后，乐队奏国歌，主人和主宾先后发表讲话或致祝酒词。乐队席间奏乐。

（2）正式宴会。除不挂国旗、不奏国歌以及出席人员级别不同外，其余的安排大体与国宴相同，需要排座次，有时也安排乐队席间奏乐。许多国家对正式宴会十分讲究排场，请柬上往往注明服饰要求。

正式宴会对餐具、酒水、菜肴道数及上菜程序均有严格规定，对服务人员的服饰、仪态都有很高要求。通常菜肴为汤和几道热菜（中餐一般为四道，西餐为两三道），另有冷盘、甜食、水果。外国宴会餐前上开胃酒。常用的开胃酒有：雪梨酒、白葡萄酒、马丁尼酒、金酒加汽水（冰块）、苏格兰威士忌加冰水（苏打水），另上啤酒、水果汁、番茄汁、矿泉水等。席间佐餐用酒，一般多用红、白葡萄酒，很少用烈性酒，尤其是白酒。餐后在休息室上一小杯烈性酒，通常为白兰地。我国在这方面做法较简单，餐前如有条件，在休息室稍事叙谈，通常上茶和汽水、啤酒等饮料。餐后不再回休息室座谈，亦不再上饭后酒。

（3）便宴。即非正式宴会，常见的有午宴、晚宴，有时也举行早宴。便宴简便、灵活，可以不排席位，不做正式讲话，菜肴可丰可俭。便宴气氛较轻松、亲切，便于交往和交谈。

（4）家宴。即在家中设便宴招待客人。西方人喜欢采用这种形式，以示亲切友好。我国领导人有时也在家中设便宴招待外国友人。家宴往往由主妇亲自下厨烹调，家人共同招待。

2. 招待会

招待会是指各种不备正餐的宴请形式，一般备有食品和酒水，通常不排固定席位，可以自由活动。常见的有冷餐会、酒会。

（1）冷餐会。这种宴请形式的特点是不排席位，菜肴以冷食为主，也可用热菜，连同餐具陈设在菜桌上，供客人自取。客人可自由活动，可以多次取食。酒水可陈放在桌上，也可由服务员端送。冷餐会在室内或院子里、花园里举行，可设小桌、椅子，自由入座；也可以不设座椅，站立进餐。根据主客双方身份，招待会规格隆重程度可高可低，举办时间一般在中午12时到下午2时，或下午5时到7时。冷餐会适宜于招待人数众多的宾客。

我国举行的大型冷餐招待会，往往用大圆桌，设座椅，主宾席排座位，其余各席不固定座位，食品与饮料均事先放置在桌上，招待会开始后，自行进餐。

（2）酒会。又称鸡尾酒会，这种招待会形式较为活泼，便于广泛接触交谈。招待品以酒水为主，略备小吃、菜点。不设座椅，仅摆小桌或茶几，以便出席者随意走动。酒会举行的时间比较灵活，中午、下午、晚上均可。请柬上通常注明酒会起讫时间，客人可在此间任何时候入席、退席，来去自由，不受约束。

酒会不仅提供用多种酒调配成的鸡尾酒，还备有多种酒、果汁，但不用或少用烈性酒。食品多为三明治、面包托、小香肠、炸春卷等，插上牙签以便取食。饮料和食品由服务员托盘端送，也有部分放置桌上。

3. 茶会

茶会是一种简便的招待形式，一般在下午4时左右举行，偶尔在上午10时举行。地点通常设在客厅，厅内摆茶几、座椅，不排席位。但若是为贵宾举行的茶会，入座时，有意识地安排主宾与主人坐在一起，其他出席者随意就座。

茶会，顾名思义就是请客人品茶，故对茶叶、茶具的选用要有所讲究。茶具一般用陶瓷器皿，不用玻璃杯，也不用热水瓶代替茶壶。外国人一般用红茶，略备点心和地方风味小吃。也有不用茶而用咖啡者，其组织安排与茶会相同。

4. 工作进餐

工作进餐简称工作餐，是国际交往中常用的非正式宴请形式，主客双方利用共同进餐时间边吃边谈。工作进餐按用餐时间分为工作早餐、工作午餐、工作晚餐。工作餐既简便，又符合卫生，往往日程活动紧张时采用这种形式。此类活动一般只请与工作有关的人员，不请配偶。双边工作餐通常使用长桌，其座位与会谈桌座位安排相仿，以便主宾双方交谈。

与外国人交谈时，表情要自然，语调要亲切，声音要适度，言辞文雅、婉转。既要尊重外国人，又要不卑不亢，维护国格、人格。要注意态度诚恳，选谈合适的话题，尊重各国人民的风俗习惯，不要涉及他人隐私，避免议论别国的政党等。

（二）宴请的组织

宴请通常是为了应酬答谢、增进友谊等。为了使宴请活动顺利进行，达到预期的目的，务必认真做好宴请的组织工作。

1. 确定宴请对象、范围与形式

确定邀请对象的主要依据是主客双方的身份，也就是主客身份应该对等。邀请多少人，请什么人作陪，则要考虑宴请的性质、国际惯例等。至于宴请采取何种形式，一般来说，正式、规格高、人数少的以宴会为宜，人数多则以冷餐或酒会更为合适，妇女界活动多用茶会。

2. 确定宴请时间、地点

宴请的时间应对主客双方都合适。驻外机构举行较大规模的活动，应与驻在国主管部门商定时间。注意不要选择对方的重大节日、有重要活动或有禁忌的日子和时间。不妨事先征询主宾意见，商定宴请时间。

官方举办正式宴会，一般安排在政府、议会大厦或宾馆内举行，其余则按活动性质、规模大小、形式及实际可能而定。

3. 发出邀请

各种宴请活动，一般均发请柬，亦有手写短笺、电话邀请。发出内容包括活动形式，举行的时间、地点等的请柬，既是礼貌，也对客人起提醒、备忘的作用。便宴经约妥后，可发也可不发请柬。工作餐一般不发请柬。

请柬通常提前1～2周发出，以便被邀请人及早做安排。

4. 预订菜肴

宴请的菜谱根据宴请形式和规格，在预算标准内安排。选菜主要考虑主宾的口味喜好与禁忌。例如，宴请信奉伊斯兰教的穆斯林客人不用猪肉和酒；宴请印度教徒不能用牛肉；等等。如果个别贵宾有特殊需要，也可以单独为其上菜。大型宴请则应照顾到各个方面，菜肴道数与分量要适当。地方上宜用有地方特色的食品招待。菜单经主管负责人同意后即可印制。讲究的宴会每人一份菜单，一般宴会每桌两三份菜单，至少一份。

5. 安排席位

正式宴会一般均排座次，也可只排部分客人的席位，其他人只排桌次或自由入座。国际上的习惯是，桌次高低以离主桌位置远近而定，右高左低。桌数较多时，要摆桌次牌。同一桌上，席位高低以离主人的座位远近而定。外国习惯男女穿插安排，以女主人为准，主宾在女主人右上方，主宾夫人在男主人右上方。我国习惯按各人本身职务排列，以便于交谈。如夫人出席，通常把女方排一起，即主宾坐男主人右上方，其夫人坐女主人右上方。

礼宾次序是排席位的主要依据。具体安排席位时，还应当考虑其他一些因素。多边的活动需要注意客人之间的政治关系，尽量不要把政见分歧大、两国关系紧张者排在一起。例如，尽量避免将以色列驻华大使和叙利亚驻华大使的席位排在一起。此外，适当照顾各种实际情况。例如，身份大体相同，使用同一语言者，或属同一专业者，可以排在一起。如桌次按主宾职业划分文化区、军方区、经济区、体育区等。

遇特殊情况，可灵活处理。例如，主宾有夫人，而主人的夫人又不能出席，通常可以请其他身份相当的妇女做第二主人。若无适当身份的妇女出席，也可以把主宾夫人安排在主人的左右两侧。

座位排妥后准备座位卡。我方举行的宴会，座位卡中文在上面，外文在下面。

6. 布置现场

宴会厅和休息厅的布置，取决于活动的性质和形式。官方正式活动场所的布置，应该庄重、大方，不宜用霓虹灯做装饰，可用少量鲜花、盆景、刻花做点缀。

宴会可用圆桌，也可用长桌或方桌。一桌以上的宴会，桌子之间的距离要适当，各个座位之间也要距离相等。宴会休息厅通常放小茶几或小圆桌。

冷餐会的菜台用长方桌。如坐着用餐，可摆四五人一桌的方桌或圆桌。

酒会一般摆小圆桌或茶几，以便放花瓶、小吃等。也可在四周放些椅子，供妇女和年老体弱者就座。

7. 摆放餐具

根据宴请人数和酒、菜的道数，准备足够的餐具。餐桌上的一切用品均要清洁卫生。桌布、餐巾应浆洗干净熨平。玻璃杯、酒杯、筷子、刀叉、碗碟，在宴请之前都应洗净擦亮。

（1）中餐具的摆放。中餐用筷子、盘、碗、匙、小碟等。摆台时，先放餐盘，水杯放在餐盘上方，右上方放酒杯，酒杯数与所上酒的品种相同。杯之间距离均为一厘米。餐巾叠成花插在水杯中，或平放在餐盘上。我国宴请外国宾客，除筷子外，还摆上刀叉。酱油、醋、辣油等佐料，通常一桌数份。公筷、公勺应备有，其中一套放在主人面前。餐桌上还应配备牙签筒、烟灰缸。

（2）西餐具的具体摆放，详见本章第三节西餐礼仪。

（三）宴请礼仪

1. 迎宾

主人一般在门口迎接客人。官方活动，除男女主人外，还有其他官员陪同主人按顺序站在门口迎宾。当宾客到达时，主人应热情迎接，主动招呼问好。迎宾员接过客人的衣帽后，应提衣领，不可倒拿，以防衣袋内的物品掉出，并妥善挂好。

2. 引宾客入席

主人和客人寒暄完毕，由引宾员将客人引入休息厅或直接领进宴会厅。休息厅或宴会厅内应有身份相应的人员陪同、照料客人，服务员及时递送饮料。

主宾到达后，由主人陪同进入休息厅与其他客人见面。主人陪同主宾进入宴会厅，全体客人就座，宴会即开始。

3. 致辞

正式宴会，一般均有致辞，但各国安排的时间不尽一致。有的一入席双方即致辞，但多数是在热菜之后甜食之前由主人致辞，接着由客人致答词。通常双方事先交换讲话稿，一般由举办宴会的一方先提供讲话稿。代表团来访，欢迎宴会东道国先提供讲话稿，答谢宴会则由代表团先提供。由何人翻译也要事先协商好。

致辞时，服务员应暂停服务活动，参加宴会的人员均应暂停饮食，专心聆听，以示尊重。

4. 上菜

按照国际惯例，上菜顺序应先从男主人右侧的女宾或男主宾开始，接着是男主人，由此自右向左顺时针进行。

5. 斟酒

斟酒时，服务员站在客人的右边后侧，面向客人，将右臂伸出进行斟倒，瓶口与杯口保持1厘米的距离。红葡萄酒斟至酒杯容量的一半即可，白酒、白葡萄酒、香槟酒斟至酒杯的2/3，白兰地酒则斟至酒杯容量的1/5。每斟一杯换一个位置，不允许在同一位置给左右客人斟酒。

6. 送客

吃完水果，主人与主宾起立，宴会即告结束。主宾告辞，主人送至门口。主宾离去后，原迎宾人员按顺序排列，与其他客人握手话别。

二、赴宴

应邀出席宴会，要讲究有关礼节，做一位懂礼貌、有教养的赴宴者。

(一) 应邀

接到宴会邀请（无论是请柬还是邀请信），能否出席都应尽早回复，以便主人安排。一般来说，对注有“R. S. V. P.”（请答复）字样的请柬或邀请信，无论出席与否，均应迅速答复。注有“Regrets only”（因故不能出席者请答复）字样的请柬或邀请信，则不能出席时才答复。若是已经口头约妥后，再发来的请柬，上面一般注有“To remind”（备忘）字样，只起提醒作用，可不必答复。答复对方，可打电话或复以便函。

一旦接受邀请，不宜随意改动。万一遇特殊情况不能出席宴会，尤其是主宾缺席，应尽早向主人解释、道歉。

应邀出席宴会前，要核实宴请的时间和地点，是否邀请了配偶，有无服装要求等，以免搞错。

(二) 掌握出席时间

出席宴会，根据各地习惯，正点或晚一两分钟到达。在我国则正点或提前两三分钟到达。出席酒会，可在请柬上注明的时间内到达。

有事需提前退席，应向主人说明后悄悄离去。也可事先打招呼，届时离席。

(三) 抵达

抵达宴请地点，先到衣帽间脱下大衣、帽子，然后前往迎宾处，主动向主人问好，并根据活动内容表示祝贺等。

(四) 赠花

赴宴时，可按宴请性质和当地习惯，赠送花束或花篮，赴家宴可酌情赠送女主人少量鲜花。

(五) 入座

进入宴会厅之前，要先了解自己的桌次和座位，入座时进行核对，不要随意乱坐。如邻座是长者或妇女，应主动为其拉开椅子，协助他们先坐下。

(六) 进餐

入座后，主人招呼，即开始进餐。在中国是男主人为主，西方是女主人为主。招呼的方法是将餐巾拿起来，意为“可以用餐了”。可用餐巾擦嘴，不可擦汗或抹桌子。临时离开，餐巾放在座椅上。用餐完毕，餐巾放桌上。

取菜时，不要盛得过多。盘中食物吃完后，如不够，可以再取。如由服务员分菜，遇到不爱吃的菜肴，可取少量放入盘内。对不合口味的菜，不要显露出难堪的表情。

进餐时要文雅，吃东西时应闭着嘴细嚼慢咽。不要舔嘴唇或咂嘴发出声音。如汤、菜太热，待稍凉后再食用，不要用嘴吹。吃剩的菜，用过的餐具、牙签及鱼刺、骨头等，都要放入骨盘内，勿置桌上。剔牙时，要用手或餐巾遮口。

进餐过程中，由于不慎或用力过猛，使刀叉撞击盘子，发出声响，或餐具掉落地上，或打翻酒水等，应沉着冷静。餐具碰出声音，可轻轻说声“对不起”。餐具掉落后，可请服务员另送一套。酒水溅到邻座身上，应道歉并协助擦干；如对方是女士，则递上干净餐巾或手帕，由她自己擦干。

（七）敬酒

主人和主宾致辞、祝酒时，应暂停进餐和交谈。主人和主宾致辞后往往到各桌敬酒，各桌宾客应起立举杯。碰杯时，主人和主宾先碰，人多时可同时举杯示意，不一定碰杯。主桌未祝酒前，其他桌不可先起立或串桌祝酒。宴会上互相敬酒，可活跃气氛，但要适可而止，不能强人所难。

（八）保持衣着

在宴会上，无论天气多么炎热，不能当众解开纽扣，脱下衣服。小型便宴上，如主人请客人宽衣，男宾可脱下外衣搭在椅背上。

（九）纪念物品

有的主人为每位出席者备有小纪念品。宴会结束时，主人招呼客人带上。除主人特别示意作为纪念品的东西外，各种招待用品，包括干果、水果、香烟等，都不要顺手带走。

（十）致谢

出席私人宴请之后，应在 3 日内致便函或名片表示感谢。

第二节　中餐礼仪

中国是一个礼仪之邦，更是一个会吃的民族，吃几乎渗透到中华民族社会生活的方方面面。中国人几乎张口就谈吃，熟人见面打招呼，问：“你吃了吗?”不受人引诱叫“不吃那一套”，手头比较拮据叫“吃紧”，社交广叫“吃得开”，产生嫉妒叫“吃醋”，受欢迎叫“吃香”，被控告叫“吃官司”，甚至把美好的风景形容“秀色可餐”，好文章“回味无穷”。

人的一生也是伴随着各种食礼成长的。恋爱相亲要以茶酒定礼，结婚嫁娶要大办婚宴，祈求生子要以红蛋促孕，十月怀胎食忌多多，生日要吃长寿面，老人去世要喝白喜酒。

中国人逢节必食，中国的传统节日基本都是吃节：春节——包饺子、吃年糕、吃团圆饭；元宵节——吃汤圆；中和节（二月二）——吃龙须面、炒豆；上巳节（三月三）——曲水流觞，荠菜煮鸡蛋；清明节——吃冷食、清明团子；端午节——吃粽子；中秋节——

吃月饼；重阳节——吃重阳糕、饮菊花酒；冬至节——吃馄饨、汤圆；腊八节——吃腊八粥、煮腊八豆。

中国人遇事必食，乔迁之喜要办“乔迁宴”，金榜题名要办“谢师宴”，商店开业要办“开张宴”，大厦落成要办“上梁酒”，为朋友送行要办“饯行宴”，为朋友接风要办“洗尘宴”。请人办事必设宴相求，事成之后，必设宴感谢。民间几乎是无事不设宴，无宴不成礼。

既然饮食成为人们日常生活、社交活动不可缺少的一项内容，那么，掌握一定的饮宴社交礼仪就显得十分必要。

中国传统进餐方式和中国传统进餐礼仪，历经千百年的传承演变，已形成较为统一的规范和模式，虽然不同地区、不同民族的饮食礼仪各有特色和略有差异，但相对西方饮食礼仪来讲，中国传统饮食礼仪具有其自身的特点和要求。

一、中式餐饮的特点

中式餐饮的特点主要从烹饪特色、饮食结构、进餐方式体现出来。

（一）烹饪特色

全世界饮食风味按特色划分，可分为三大类，一是以法国菜为代表的西式菜点，二是以土耳其菜为代表的阿拉伯菜点，三是以中国菜为代表的中式菜点。

中国菜在世界上享有较高的声誉，它之所以备受世人青睐，是因为中国烹饪具有一系列的特点，主要表现在：选料广泛，拼配巧妙；加工精细，造型优美；注重火候，控制得当；调味讲究，味型丰富；菜品多样，变化无常；主副食分明，小吃品种丰富；菜系流派众多，地方风味浓郁。正因如此，中国赢得了“烹饪王国”的美誉。

（二）饮食结构

中国传统饮食结构受地域和地理环境的影响，具有一定的差异性。北方地区，以面为主食，辅以猪肉、牛肉、羊肉、禽肉、蔬菜；南方地区，以米为主食，辅以鱼肉、猪肉、禽肉、蔬菜。新疆、内蒙古、西藏等地因地理环境的不同，略有差异。但总的来讲，以米、面为主体，水产、畜肉、蔬果为辅，形成了我国饮食结构的主要特征。

（三）进餐方式

中国传统进餐方式最主要的三大特点：一是使用筷子。西餐使用刀叉做进餐工具，阿拉伯以手抓方式进餐，而中国人则用筷子取食。筷子灵活、方便、多用的特点是其他取食方式不可比的。二是团聚共食。西餐讲究分餐分食，而中餐则主张众人围坐，共食一盘菜。民间以八仙桌（四方桌）为主，市肆餐饮以圆桌为主。团聚共食体现了中国传统“和合”的儒家文化特征。三是喜好劝菜劝酒。友朋相聚，必尽所能，以好酒好菜相待，这是中国人传统的饮食礼节。举杯推盏之间，人们喜欢劝菜劝酒，把好菜夹给来宾吃，把美酒敬给来宾喝，不管你喜不喜欢吃，不管你能不能喝，似乎只要劝了、敬了，礼仪就到位了，否则就会认为主人不热情。

二、日常进餐礼仪

无论是家庭日常便饭，还是朋友小聚宴饮，抑或是一人独自出入饮食酒店，你的行为举止都应符合一定的礼仪要求。有时候，或许你在吃饭时不经意间的一个不文雅的小动作，可能让你的身份掉价，给你的形象蒙垢。

（一）保持良好的“吃相”

俗话说：“吃有吃相，坐有坐相。”所谓“吃相”就是吃饭过程中的礼仪规范。

（1）主不请，客不尝。取食有先后，宾主相聚，主人先动筷，客人后动筷。家庭便饭，长辈先动筷，晚辈后动筷。

（2）就近取，勿远夹。在有转盘的餐桌上进餐时，桌上的菜是可移动的，每个菜都可转到自己面前来，因此夹菜时不必迫不及待取远处的菜，而应只夹面前的菜。

（3）适量取，不贪食。对桌上自己喜欢吃的菜，也应适量取食，不能不管别人的需求，埋头多食。

（4）食轻言，嚼轻声。俗话说：“食不言，睡不语。”众人相聚进餐不说话是不可能的，但吃饭时说话要注意两点：一是轻声说话，不可大声嚷嚷；二是忌讳口中含着食物说话，这样既不卫生又不文雅。吃东西时应尽可能不发出响声。

（5）吐骨刺，置骨碟。酒楼吃饭，都备有骨碟，因此，骨刺应吐在骨碟上。如没有骨碟，骨刺可吐在面前的桌面上，切忌吐在地上。

（6）用餐毕，擦唇边。用餐结束，应用毛巾或餐巾纸擦拭嘴唇，以免油腻或食物残留在嘴边，影响观感。

（二）把握劝菜劝酒的尺度

劝菜劝酒是中国民间传统饮食礼俗，有朋自远方来，为了表达对客人的尊敬和活跃餐桌上的气氛，有时少不了要劝菜夹菜，敬酒劝酒。劝菜也有劝菜的礼规：菜上桌，主人应先劝客人动筷，客人则应礼让，主人动筷后客人方可动筷。劝菜要适度，如客人婉言谢绝，就不能勉强。劝菜夹菜应用公筷，不可用自己的筷子为别人夹菜。劝菜要劝吃档次和质量较高的菜，或是特色菜，不要劝吃档次低的普通菜。劝菜最好站起来劝，以示尊重。随着社会的发展进步，劝菜礼俗渐渐弱化了。相反，劝酒礼俗则日益强化，后面专门谈及。

（三）正确使用筷子

筷子是全世界使用人数最多、最为普及的一种餐具。我国早在殷商时期就已开始使用筷子，公元 4—6 世纪传到日本、朝鲜、东南亚各国等。它虽然构造简单，但巧妙地运用了杠杆原理，它不仅集刀叉功能于一身，而且有健身益智的功效，因为操作筷子要牵动人体 30 多个关节和 50 多条肌肉，所以有助于手指灵巧，大脑发达。

别看简单的两根筷子，在使用时却有许多礼仪要求和使用禁忌。

首先是要正确摆放。筷子的摆放是很有讲究的。筷子通常应纵放（横放表示进餐完毕）在餐盘旁边的筷架上，不能搁在盘缘或碗缘上。筷子是成双成对的，在摆放时应把它摆齐，不要一横一竖交叉摆放，也不要大小头颠倒摆放，且筷子的大头应离桌边 1～2 厘米。在用餐时，如需临时离开，应把筷子轻轻搁在筷架上，切不可插在饭碗里。

其次是轻拿轻放。在餐前放筷子时，应事先将手洗净，然后将筷子一双双理顺，轻轻放在每一个人的餐位前，切不可随便扔掷。在等待就餐时切忌用筷子击碗敲桌。

最后是文明用筷。筷子是就餐工具，一定要讲究用筷的礼节，注意“用筷十忌”：

一忌迷筷，犹豫不决，不知该如何下箸。

二忌搅筷，用筷子搅动碗中的菜肴，挑菜拣食。

三忌刺筷，以筷当叉戳食。

四忌碎筷，持筷撕拉口中的菜、肉。

五忌泪筷，一面滴着汤汁，一面把菜挟进嘴中。

六忌剔筷，用筷子当牙签挑剔牙缝里的菜肴。

七忌舔筷，用嘴舔筷子。

八忌架筷，把筷架在碗上或插在饭碗中。

九忌传筷，利用自己用过的筷子传递菜肴。

十忌指筷，持筷说话指人。

请人用菜时，不要把筷子戳向别人。在夹菜时，还要注意避开别人筷锋，以免筷子打架。

三、中式宴会礼仪

宴会集饮食、社交、娱乐于一体，是人们为了一定的社交目的而举行的高级宴饮聚会。

自古以来，中国人都有因事设宴的民俗，举凡婚嫁寿诞、节令庆典、乔迁新居、金榜题名等，无不大摆宴席，宴飨亲朋好友。

既然宴会成为我们生活中不可缺少的一项内容，那么，经常参加那些具有社交意义的宴会的人士，就必须了解和懂得一些宴会礼仪。

（一）宴会的种类及特点

1. 宴会按饮食风格的不同，分为中餐宴会、西餐宴会

（1）中餐宴会。亦即中式传统宴会，它在进餐形式上使用中式餐具（最有代表性的是筷子）、围圆桌而坐，采用中式服务，以中国菜肴和国产酒水为主。中餐宴会摆台反映中华传统文化气息，环境布局、伴餐音乐突出浓郁的民族特色。

（2）西餐宴会。在进餐形式上使用刀叉等西式餐具，设计桌面为长方形，并采用西式服务（主要表现为分餐制）。菜肴以欧美风格的菜式为主，饮西洋酒。整个宴会的厅堂风格、环境布局、台面设计乃至音乐伴餐等，均强调突出西洋格调。西餐宴会自 20 世纪初传入我国，目前在一些旅游涉外宾馆较流行。

2. 根据主办目的的不同，可分为庆贺宴、迎宾宴、商务宴

（1）庆贺宴。泛指一切具有纪念、庆典、祝贺意义的宴会。例如：婚宴、寿宴、生日宴、乔迁之喜宴、开业庆典宴、庆功封赏宴、金榜题名宴、毕业庆典宴、庆贺节日宴等。此类宴会一般具有较浓郁的喜庆气氛，主题意义突出。

（2）迎宾宴。为迎接远方来的客人而举行的宴会，这是社会上较为常见的一种宴会形式之一。迎宾宴有团体迎宾宴和私人迎宾宴之别。无论哪种类型的迎宾宴，都具有规模小、喜安静、重叙谈、讲面子的特点。迎宾宴较之庆贺宴，少了一份喧闹，多了一份热情。

（3）商务宴。是为了一定的商务目的而举办的宴会。商务宴自古已有，尤其是近年

来，随着我国改革开放和市场经济的建立，商务宴在社会经济交往中起着十分重要的作用，并成为现在一些酒店主要的经营项目。

此外，根据我国政府外交礼仪的要求，分为国宴、正式宴会、便宴、家宴四种。

宴会的情形十分复杂，从不同角度，根据不同的分类标准，还有多种分类方法，这里就不一一赘述。

（二）赴宴礼仪

赴宴是一项大众的社交活动，人们在宴饮过程中，通过谈话、吃饭、喝酒等一系列行为举止，将自己的个性与修养、能力与德行展现在公众面前，因此，掌握一定的宴饮礼仪知识，对树立良好的个人形象风范十分重要。

1. 应邀赴宴，按时到达

正规的宴请，一般会下请柬，接到请柬后，一定要看清宴请的时间与地点，最好是将请柬随身带上，以备不时之需。如果你是设宴的主人，则应该尽量提前 15～30 分钟到，以便有客人提前到时，有主人接待。作为一般的被邀请对象，应于宴会开始前一刻钟以上到场，而作为主宾，则不宜过早赴约，以准时为佳。主宾如果迟到，宴会则不能开席，导致众人等候，此为大忌。

接到宴会邀请，无论能否出席都应尽早给对方答复，以便主人做出安排。答复既可以书面作答，也可用电话。一旦答复接受邀请，非不得已不要随意改动。如有特殊情况实在不能出席，尤其是主宾，应尽早向主人解释、道歉，必要时亲自登门致歉。

2. 找准座位，准确落座

正式宴会十分讲究席位的安排，这也是社交礼仪的需要。特别是在我国这样一个礼仪之邦，讲究席位及座次更是有着悠久的历史传统。《史记·项羽本纪》中记载，西楚霸王项羽在鸿门军帐中大摆宴席招待刘邦。在宴会上，“项王、项伯东向坐，亚父南向坐。亚父者，范增也。沛公北向坐，张良西向侍”。在这里，项羽和他的叔父项伯坐的是主位，坐西面东是最尊贵的座位。其次是南向，坐着谋士范增。再次是北向，坐着项羽的客人刘邦，说明在项羽眼里刘邦的地位还不如自己的谋士。最后是西向东坐，因张良地位最低，所以这个位置就安排给了张良，叫作侍坐，即侍从陪客。鸿门宴上的座次安排是主客颠倒，反映了项羽的自尊自大和对刘邦、张良的轻侮。

宴会席位安排从来都没有一个统一不变的标准，它在不同的国家、不同的地区、不同的民族、不同的宴会对象等方面都各有所异。现在饭店服务力求与国际标准接轨，因此，我们的席位安排也要遵循国际上流行的做法。

按照国际惯例，同一桌上，席位高低以离主人座位的远近而定。我国习惯按各人本身职务高低排列以便于谈话，两桌以上的宴会，其他各桌第一主人的位置可以与主桌主人位置同向，也可以以面对主桌的位置为主位（常见几种宴会席位安排见图 6-1）。

在一些外交活动宴会中，礼宾次序是安排宴会席位的主要依据。在编排席位之前，首先要把经落实出席的主、客双方出席名单分别按礼宾次序开列出来（最好由主办单位提供）。除了礼宾顺序之外，在具体安排席位时，还要考虑其他一些因素。如宴请多个国家的客人时，还要注意客人之间的政治关系，政见分歧大、两国关系紧张者，尽量避免排到一起。此外，适当照顾各种实际情况，如身份大体相同，使用同一语言者，或属同一专业

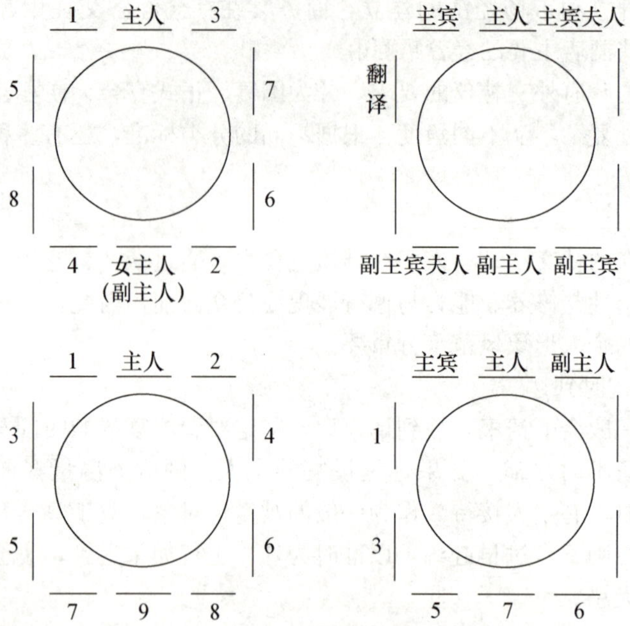

图6-1 宴会席位安排示意图

者，可以排在一起，翻译一般安排在主宾的右侧。

在国内一般宴请活动中，席位安排要根据实际情况而定。有时主宾身份高于主人，为表示对他的尊重，可以把主宾安排在主人的位置上，而主人则坐在主宾位置上，第二主人坐在主宾的左侧。有时赴宴人员不分宾主，如某学术会议宴会，席位安排时或以学术地位、职务职称高低为依据，确定一人为主人席，然后依次按离主人席远近排列。民间商务宴会，买单者坐主人席位置，其他人员根据买单者意图安排。家庭宴会，由年长者或辈分高者坐主人席位，其他依年龄大小或辈分高低依次排列。

如何确定主位？一般情况下，主人席就是一席中正对大门、背靠有特殊装饰的主体墙面的一个席位。但有些餐厅的门不是正开，此时，主人席要以背靠主体墙面的位置为准。即使有的餐厅门是正门，但装饰特殊的主体墙面不与正门相对，此时应根据实际情况以主体墙面为主要参照物，确定主人席位。

3. 文雅进餐，礼貌交谈

宴会开始，待主人招呼，即可开始进餐。酒店宴会，设有口布，口布是用来遮挡油渍和滴漏的酒水的，一般是一头压在骨碟上，一头放在双腿上。将口布挂在胸前的做法是不雅观的。如将口布完全放在双腿上，当站起敬酒敬菜时，则易掉落地上。夹菜不可一次夹得太多，吃完可以再取。但如果是按人头定量的菜（如清蒸扇贝、大闸蟹等），再好吃也只能定量取食，不可多取。不同的菜，应采用不同的取食方法。一般讲，汤羹类菜宜用汤勺舀食，带粉丝的汤菜，切记不可用自用筷捞粉丝或原料，应该用公筷捞取。一些整鱼、整鸡等整菜，宜将整菜最佳部位让给席中尊长者先食用，身份低者宜取一般部位食用。宴席上不要一直把筷子拿在手上不放，每次取完食或交谈时，宜将筷子暂置于筷架上。宴席上，有时会随菜（基围虾、龙虾、螃蟹）上一小水盂（铜盆、瓷碗或水晶玻璃碗），水中漂着玫瑰花瓣或柠檬片，这是供洗手用的，千万别当饮料喝，否则就闹笑话。洗手时只需将手指浸在水中轻轻搓动几下，然后用餐巾或小毛巾擦干，并注意不要妨碍他人。有时拔丝菜也上一碗冷开水，这是供灼热的糖粘菜在冷水中过一下，以免烫伤嘴巴。宴会是以菜为主体，酒贯穿始终，酒没喝完，原则上不能吃饭（主食），否则就是反（饭）上。宴会菜较多，当桌上放不下时，宜将大盘换小盘，不可大盘叠大盘，这样既不雅观又不卫生，同时压下去的菜又不方便取食。吃菜、喝酒、交谈是宴会的三大内容，能坐在一个桌子上参加宴会，大家往往是比较熟悉和友好的了，谈话自然比较多。席间谈话应有主调，众人倾听或应和，而不应一人在谈话，另几个人在一旁说笑，这样对人不礼貌。谈话时音量要控制好，不可影响邻桌。席间说话，应尽可能将身子往后倾斜，远离菜盘，以免唾液喷到菜盘上，必要时可用手掩挡。在有邻桌的餐厅，大声嚷叫或划拳都是不文明的行为。

4. 宴席上菜，讲究程序

宴席菜点品种丰富，而且什么菜先上，什么菜后上，颇有讲究。宴席上菜顺序的基本原则是：

（1）先上凉菜，后上热菜。凉菜是整个筵席菜肴的开路先锋，它具有干香脆嫩、爽口不腻、味入其骨、香透肌里的特点，为佐酒佳肴。当人们举杯起饮，慢斟细品之后，渐渐适应宴会环境，形成良好食欲，此时应上热菜，掀起宴会热烈气氛。

（2）先上主菜，后上辅菜。主菜是筵席中最名贵、烹调最精美的一道菜，如燕窝席中的燕窝、鱼翅席中的鱼翅等。先将主菜端上席，是为了在宴会一开始就给宾客留下美好的第一印象。同时，主菜先上也是为了在筵席最后吃不完的一部分不会是重点菜。当然，所谓先上也是相对而言的，有的地方往往先上 1～2 道普通菜后再上主菜，这如同一台晚会大明星出场，先有人开路，然后明星隆重登场，起到烘托气氛的作用。

（3）先上酒菜，后上饭菜。宴会的一般规律是先饮酒，后吃饭，酒开头，饭结尾。先上酒菜，以供佐酒，后上饭菜，宜于下饭。

（4）先上风味菜，后上一般菜。所谓风味菜，是指具有特殊风格的菜肴，或者是地方名菜、本店名菜、时令季节菜、近期特供菜等。一般来说，开席之初，人们对头几道菜往往比较关注，品尝也比较认真。随着饮酒的不断深入，人的口舌逐渐麻木，食欲也减退或已满足。此时将名菜端来，定不如开宴之初那么引人关注和重视，于是名菜也就失去了“名菜的价值”。

（5）先上荤菜，后上素菜。宴席菜肴有荤有素，荤菜多为高脂肪、高蛋白原料制成，吃多了，会令人感到油腻。素菜有多种，宴席素菜通常是指绿叶蔬菜。吃过了油腻味厚的荤菜，再吃清淡爽口的素菜，会起到解腻清口的效果。

（6）先上造型工艺菜，后上普通风味菜。当宴席刚一开始，席面还比较空敞，人们的注意力还比较集中时，先将工艺菜端上，与宴者可以集中精力欣赏工艺菜的造型特色，谈论菜肴制作工艺，为此留下深刻的印象。如果把这么精美的工艺菜放在后面上，人们已无心欣赏菜肴的造型，更谈不上留下什么深刻印象了。

（7）先上量大的菜，后上量小的菜。宴席菜品中，有的菜量较大，有的菜量较小。先上量大的菜，是为了让胃口大开、空腹饿肚的人们能够吃到较多的菜，同时避免很快出现盘子见底的现象。

（8）先上咸味菜，后上甜味菜。咸味和甜味对味觉的刺激性均很大，但比较之下，甜味在味觉器官中滞留的时间要相对长一些。宾客吃了甜味菜点之后，再食用咸味菜点，会出现减味或乏味的感觉，破坏了味觉器官的感应平衡。因此，除极个别情况外，大多数甜品都应放在筵席最后上。

（9）先上浓味菜，后上淡味菜。滋味浓厚的菜先上，可给宾客的味觉器官以强烈的刺激，味中枢神经处于兴奋状态，呈现出旺盛的食欲。如先上清淡的菜，宾客会有寡而无味的感觉，造成兴趣索然的心理。

（10）先上菜肴，后上点心、水果。点心的上席顺序，各地不尽相同，大多数是在宴会进行过程中，随某些特定的菜肴上，也有的是在宴会接近尾声时端上。

以上只是中式宴会上菜顺序应遵循的一般规律，在实际操作中，不同地区、不同酒店、不同筵席的菜肴上菜顺序亦各有差异，因此，我们要灵活对待。

5. 何时散席，取决主席

单桌宴席何时结束，由主席（主人席）说了算，“主席”起身，其他人方可离席。多桌宴席，要以主席（主桌）为主，“主席”未散，其他宴席不得先行离散。如与宴者因故必须先行离开，离开者应向同桌各位说明原因，并致歉意。宴会结束，有人喜欢将未吃完的菜“打包”，这是勤俭节约的良好美德，但打包也有打包的礼仪要求。原则上打包以主人为主，客人不宜主动提出打包。宴席上，身份高的人不宜打包，而应由身份低的人（如随从人员）打包。宴席未结束不宜打包，宴席结束之后方可打包。与宴者不宜亲自动手打包，而应指挥服务生打包。打包选择的菜也要注意：带汤水的菜不宜打包，而应以干爽的菜为主；筷子戳过的菜不宜打包，而应以未动过的部分菜为主；低档菜不宜打包，而应以高档风味菜为主。

第三节　西餐礼仪

西餐是欧美饮食体系的代名词，即以法、德、俄、意、美、澳等国为代表的西方饮食体系，分布在 70 余个国家和地区，近 20 亿人口。

一、西餐的特点

西餐与中餐相比，在进餐方式、餐具使用、饮食结构、饮食习惯、烹调加工等方面都有其特色之处。

（一）进餐方式

西餐注重分食，无论是日常便餐还是高级宴会，西餐都实行分餐制。朋友聚会，各点各的菜，想吃什么点什么，充分体现了西方人对个性的尊重。分餐制既不会造成浪费（吃多少要多少），又符合现代卫生要求（不会相互吃口水）。

（二）餐具使用

西方人习惯于用刀叉，用刀切割，用叉取食，不同刀叉用途各异，餐具种数较多。

（三）饮食结构

西餐以肉、禽、鱼等动物原料为主，乳猪、肥犊、羊羔、火鸡、菜鸽、鹅肝、鸡蛋、奶皮、西米旦（发酵奶皮）、奶酪、黄油、鲈鱼、鳜鱼、黄鱼、沙丁鱼、马哈鱼、龙虾、大蟹、牡蛎、鱼翅、蜗牛、兔肉等是常用动物原料。西餐素食为辅，主要有麦片、柠檬、槟榔、红豆、黑枣、面包、蛋糕、通心粉、胡萝卜、花椰菜、黄瓜、洋葱、生菜、苹果、香蕉、菠萝、土豆、芦笋、腰果、面酱、果酱等。西餐主副食不分，很早的西方人以畜牧业为主，肉与奶便是他们的全部食品。

（四）饮食习惯

西方人喜欢冷食和生吃。啤酒要喝冰的，饮料要喝冰的，连酒也要加冰块。西餐多生食，蔬菜生吃，鱼生吃，连牛排也只煎七成熟，鸡蛋煎出汤蛋（半熟蛋）。西方人认为，只有生吃才能完整吸收原料中的营养。

（五）烹调加工

中餐注重随意与经验，西餐强调科学与规范。一份炸鸡翅，从纽约到旧金山毫无二致，全世界牛排的配料都是番茄、土豆加生菜，非常标准。西餐从某种程度上讲，只烹不调，注重进餐过程中调味，而烹调的食物也大多是大块大片的，需食客自己用刀叉分割后食用。

二、西餐餐具的摆放与使用

西餐餐具种类繁多，摆放讲究，使用也讲规范，许多不了解西餐的人，坐在西餐桌前，面对琳琅满目的餐具，往往不知所措。

（一）西餐餐具的摆法

西餐餐具主要有刀、叉、匙、盘、杯等。刀分食用刀、鱼刀、肉刀、奶油刀、水果刀，叉分食用叉、鱼叉、肉叉、龙虾叉，匙有汤匙、甜食匙、茶匙等，盘则有大小不同的菜盘、汤盘、垫底盘、面包盘等，酒杯则分为葡萄酒杯、香槟酒杯、烈性酒杯、啤酒杯等。西餐餐具一般在开餐前都已在餐桌上摆好。正式宴会的摆法一般是：座位前正面放垫底盘，左叉，右刀、匙。左右侧最外边的刀叉是餐前食用刀叉，中间的刀叉是吃鱼用的刀叉，靠里边的刀叉是吃肉菜用的刀叉。它们都纵向放置在就餐者垫底盘的两侧，分别离桌缘 1～2 厘米。这些刀叉的摆放顺序，从外向里取用，正与上菜的顺序一致。吃甜品用的刀叉，一般在最后使用，被横向摆放在垫底盘的正上方。垫底盘上方放甜食匙，再往前略靠右放酒杯，右起依次为葡萄酒杯、香槟酒杯、啤酒杯（水杯）。餐巾叠成花样插在水杯内或叠好放在餐盘上。面包盘置于叉子左侧 1～2 厘米处，离桌缘 3～4 厘米。此外，在座位左上方有一玻璃或金属水盂，盛有清水，有时还撒有花瓣，是供洗手用的，洗手时把手指轻涮一下即可（见图 6－2）。

（二）西餐餐具的用法

1. 餐巾

餐巾是为了在用餐时防止衣服弄脏而准备的。一般是点完菜后才将餐巾打开。将餐巾打开后对折，并将开口朝外置于膝上。餐巾除了用来擦拭嘴巴、手指以外，也可以在吐出鱼骨头或水果的种子时，拿来遮住嘴巴。擦拭嘴巴时，拿起餐巾的末端顺着嘴唇轻轻压一

图 6－2　西餐餐具摆放示意图

下，弄脏的部分为了不让人看见，可往内侧卷起。将鱼骨头或水果的种子吐出时，可利用餐巾遮住嘴后，用手指拿出来或吐在叉子上后再放在餐盘上。也可以直接吐在餐巾内，再将餐巾向内侧折起。通常服务生会注意到并换上一条新的餐巾。用餐巾来擦汗或是擦鼻涕，或是将口红整个印在餐巾上等行为都是不文明的。暂时要离开座位时，轻轻地将餐巾折好，很自然地放在椅子上。千万不要把餐巾挂在椅背上，或是揉成一团放在桌子上。

2. 刀、叉、匙的用法

刀叉又分为肉类用、鱼类用、前菜用、甜点用，而汤匙除了前菜用、汤用、咖啡用、茶用之外，还有调味料用。调味料用汤匙即添加调味料时所使用的汤匙，多用于甜点或是鱼类菜品。刀叉正式的用法为右手拿刀，左手拿叉。

叉子的拿法为将食指伸直按住叉子的背部。刀子除了与叉子同样拿法外，还可以用拇指与食指紧紧夹住刀柄与刀刃的接合处。可依料理选择较容易进餐的方法。如果以全部的手指握住的话，会破坏整体平衡，利用拇指与食指握住才是拿刀叉的要诀。

当以汤匙代替刀时，须以右手拿汤匙，左手拿叉。汤匙的握法则与握笔方法相同。

吃米饭之类的食物时，可以很自然地将叉子转到下面舀起食用，因为叉子下面的凹下部位正是为此用法而设计的。这时候，也可利用刀子在一旁辅助用餐动作。将餐盘上的食物舀起时，利用刀子挡着以免食物散落到盘子外面，如此一来就可以很利落地将盘内食物舀起。

刀与叉除了将菜肴切开送入口中之外，还有另一项非常重要的功用，那就是刀叉的摆置方式传达出“用餐中”或是“结束用餐”的信息。服务生们正是利用这种方式，判断客人的用餐情形，以及是否收拾餐具准备接下来的服务等。因此，我们应记住正确的餐具摆置方式。用餐过程中暂时离开时，可将刀与叉呈八字形摆在盘中，而刀刃侧必须面向自己，这表示正在进行中；用餐结束的信息是将叉子的正面向上，刀子的刀刃侧向内与叉子并拢，平行放置于餐盘上；而没用过的刀子，原样放在桌子上即可，服务生会自动将它收走。

三、西餐菜点食用礼仪

要了解西餐的吃法，首先必须了解西餐的上菜顺序。西餐正餐的上菜顺序是：第一道菜是开胃菜，这是主菜前的小菜，配以鸡尾酒。第二道菜是面包、黄油（或果酱、奶油），第三道菜是汤。喝汤以刺激胃分泌消化液，为进食热菜做准备。喝汤时上雪利酒。第四道菜是冷盘，又叫小吃，用中刀叉，上烈性酒，用立口杯。第五道菜是主菜，一份是鱼，用鱼刀叉，上白葡萄酒；一份是肉（添加海味），用肉刀叉，上红葡萄酒。第六道菜是点心（如蛋糕、饼干、馅饼、三明治等）。第七道菜是甜品（如布丁、冰激凌、冷冻食品等），用甜点勺和中叉，上香槟酒。第八道菜是果品（主要是时令水果或什锦果盘），用水果刀。第九道菜是热饮，红茶或咖啡。此外，有时还供应利口酒等饭后酒。

在正式的宴会上，食物应该一道接一道送上来，等客人吃完一道菜，再上第二道菜。参宴者每吃完一道菜，便把刀叉（匙）并排放在盘里，待侍者从你的右手边收走，接着从你的右手边送来下一道菜。

西餐便餐则主要由开胃菜、面包、汤、主菜（一份）、甜品、热饮构成。

西餐各道菜品，其具体的食法各不相同。按照西方礼仪，同桌多人就餐时，必须等每位都上完一道菜后才能同时用餐，而且要注意速度以配合大家。下面介绍几种主要食品的食用方法。

（一）前菜，又称开胃菜

前菜即在主菜之前的少量料理。为了使主菜更加美味，利用少量的前菜让肚子做一下暖身运动，以增加食欲。正统的前菜大都以鱼子酱、烟熏鲑鱼、生火腿、小龙虾等冷冻肉或沙拉类为主。

冷冻肉的料理又以鹅肝酱最具代表性。鹅肝酱的材料是以特殊饲养方式养殖的鹅的肝脏，其口感浓郁，与鱼子酱、块菰合称为世界三大珍味。冷冻肉以刀叉食用，如果有附带切成薄片的吐司，则利用刀将冷冻肉涂抹于吐司上食用。

鱼子酱通常会附加在冷冻肉的料理旁，有时也会直接放置于餐具内端出来，这时候可利用汤匙舀起来吃。不过，有时也会做成开式三明治的样子。开式三明治，即在切成薄片的吐司上摆上菜肴做成的三明治。如果是开式吐司的话，一般是直接以手拿起来吃。不过，如果大小不是一口即可食用的话，以刀叉切开吃也可以。小龙虾则是一边加酱料一边食用。

（二）面包

正宗的法国餐厅很少提供米饭，大多以面包为主。面包是无限量供应的，只要你喜欢，爱吃多少就吃多少。但是面包并不是你的主菜，面包充其量只是为了点缀食品而存在的。面包一般会由服务生放入篮子内送出来，你可以挑选自己喜欢的面包并放在左侧的面包盘内。如果没有面包盘，可以直接放在左侧的桌巾上。如果一开始就已经摆上面包，那么左侧的面包就是你的了。为了不吃下太多的面包，最好在用过前菜，汤端上来后再开始吃面包。吃面包的时候应先以手撕下一口大小的量吃。用刀切面包，或是以叉子叉住面包后切成几小块都是违反用餐礼仪的。

（三）汤

法国人所谓的汤，指的就是浓汤。在中国，汤则分为较清淡的清汤，以及浓度较高呈勾芡状的浓汤两种。依季节的不同也有冷汤，不过一般是热汤。汤端到桌上时，首先用手轻轻地接触一下餐盘，确认一下汤的热度。喝的时候，将汤匙由内向外舀起，饮用不要发出声音。千万不要用力吸汤，应让汤自然流入口中，慢慢地喝。如果是加料的浓汤类，则可以像吃东西那样喝下去。如果汤只剩下一点点，可以将盘子稍微倾斜，利用汤匙轻轻地舀起来喝，但要注意不要让汤匙刮到盘底而发出声音。有时硬饼或起司棒会与汤一起送上来。硬饼指的就是浮在汤面上的料。有时一端上来就已经加在汤里面了，有时会另外放在类似放调味酱那样的小杯子内与汤一起端上来，这时候可以用附在一旁的小汤匙取一些放入自己的汤中。

起司棒也可以直接拿起来吃，不过最初人们是将其弄碎放入汤中与汤一起吃的。喝完汤后，汤匙直接放在汤盘内或放在汤盘下的餐盘内都是可以的。不过千万不要放在桌巾上，这样会把桌巾弄脏。

（四）主菜

主菜主要有鱼、肉类食品和搭配的蔬菜。

（1）如果是整条鱼，首先是左手用叉压住鱼头，右手用刀自头后面沿着中间脊骨至尾部划开，起出上边一半鱼肉放在盘子靠自己的一边，淋上酱汁，用刀叉自左侧吃起；吃鱼不能翻转鱼身。吃完上边的鱼肉后，再用叉压住鱼头，用刀从骨头和下层鱼肉之间划过，把鱼骨剔出，将下层鱼肉移至面前的盘上食用。吐出鱼刺时，应将叉子靠近嘴边拦住，与鱼头、鱼骨等剩余物整齐地放在盘子的另一侧。如果是吃整块鱼片，则应从左边开始，每切一口大小蘸调料吃。这种鱼有时会以蒸烤用的玻璃纸或锡箔纸包裹端上桌，应用刀把玻璃纸或锡箔纸从中间划开，让鱼露出，再开始食用。吃龙虾要用刀叉先把虾肉取出再吃。

（2）吃肉菜时，应从左侧切成一口大小，吃一块切一块，切勿一次全切好。如肉很大，可先切成两半，把其中一块移至盘中间，切而食之。如带骨的肉，可用叉子压住肉，刀沿着骨头划开，将骨取出，再切成一口大小食用。

（3）吃鸡肉，同样用刀叉先去掉鸡骨之后，再用餐刀切成一小块，叉而食之。吃煎荷包蛋，欧美人习惯煎成两面白，先戳破半熟的蛋黄，然后用刀切成小块，用叉叉着吃，盘中流的蛋黄可用小块面包蘸着吃。

（4）吃牛排，可根据自己的口味，选择全熟或半熟的，搭配的蔬菜要和主菜交互着吃，才显得出菜肴的美味。盘里剩的肉汁或调味汁，可以用面包蘸干，再用叉子送进嘴里。

（五）咖啡

咖啡是西餐中最常用的一种饮品，不论是小咖啡杯或是普通的咖啡杯，如果内侧有华丽的装饰，服务生一般会先让客人观赏后再把咖啡倒入。喝咖啡时，加入糖与牛奶之前先小饮一口，品尝一下纯咖啡的香气。随后，再将糖、牛奶等与咖啡混合，轻轻地捏住杯耳并注意不要让咖啡匙伤到杯子内侧，轻轻地搅拌液体即可。加方糖时，应用夹子将方糖先放在汤匙上，再轻轻倒入咖啡杯中，这样咖啡不会溅起来。如果咖啡端出来的时候杯耳在左侧，然后将咖啡盘放在餐桌上，只端起咖啡杯饮用即可，不需持咖啡杯碟。

欧洲人习惯把糖放入浓缩咖啡后，不加以搅拌，而花费 20～30 分钟慢慢饮用，享受糖在咖啡杯底慢慢溶化，咖啡逐渐变甜的乐趣。

四、西餐宴会礼仪

（一）西餐宴会的形式

西餐宴会按进餐时间及内容的不同，分为晚宴、午宴、下午茶派对、鸡尾酒派对、花园派对、招待会等。

晚宴是一种最讲究形式的宴会，一般从晚上 7 点开始聚餐，晚宴台型讲究，菜品丰盛，形式热烈，是较正规的一种宴会。

午宴是中午 12 点开始举行的宴会，内容与晚宴相当，但在规模和形式上较晚宴简略些。

下午茶派对是多在下午 2 点举办的以红茶、非酒精类饮料和茶点为主来招待宾客的轻松派对。

鸡尾酒派对多在下午晚些时候举行，以酒类及简单饮食款待宾客，比起以用餐为主的宴会，这种以社交为主要目的的宴会，来宾可以依自己喜欢的时间入场、退场。

花园派对是以私人庭院为场地举办的站立式宴会，通常从上午 11 点开始至下午 3 点。日本皇室于每年春天所举办的园游会也属花园式派对的一种。

招待会虽然和鸡尾酒会一样都是以社交为主要目的，但所谓的招待会比较带有公家的色彩，当然也有以外国大使或公使为主人而举办的招待会。

（二）西餐宴会台型及席位安排

正式宴会一般均排席位，也可只排几位主宾的席位，其他客人只排桌次或自由入座。

西式宴席一般采用长条桌或蹄形桌，在座位的排列上，亦以右为尊，并以离主人座位的远近来决定客人地位的高低。离主人越近者，地位越高。

此外，在安排席位时，还需要考虑一些其他因素。如多边活动需要考虑客人之间的政治关系，政见分歧大、两国关系紧张的，要尽量避免安排在一起；还要适当考虑照顾身份大体相当、使用同一语言或属同一个专业者，可以把他们排在一起。翻译人员一般安排在主宾的右侧。在以长条桌为主宾席时，翻译人员也可以考虑安排在对面，便于交谈。

西式宴会宾主席位的安排大致与中式宴会相同，主人席位通常安排在席上方和正中，主宾席位安排在主人席位右边，副主宾安排在主人席位的左边，其他宾客则从上至下，从左至右依次排列。如宴会的正副主宾都偕夫人出席，在有副主人陪同的情况下，副主人的席位则应安排在主人席位的对面，即餐台下方的中间席位上，右边安排副主宾，左边安排副主宾夫人，主人席位的左边安排主宾夫人的席位（见图 6－3）。

遇到特殊情况，可视具体情况灵活处理。如主宾身份高于主人，为表示对他的尊重，也可以让主宾坐主人位，而主人则坐在主宾的位置上，第二主人坐在主宾的左侧；如果本国出席人员中有身份高于主人者，可由身份高者坐主位，主人坐在身份高者左侧。

（三）西餐宴会礼仪

1. 讲究着装

针对不同的宴会形态、规模以及举办时间，适合穿着出席的服装也各有不同。若是

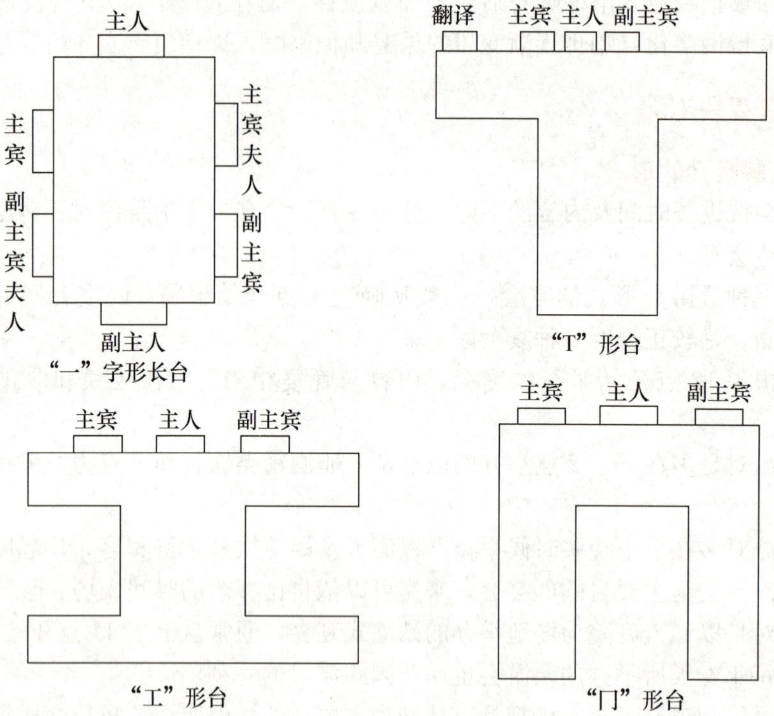

图 6－3　西餐台型及席位安排示意图

邀请函已经指定的话，就依照指定穿着。但一般来说，在正式的晚宴里，男性都是穿着无尾晚礼服（tuxedo），女性则是穿着晚礼服或小礼服出席。要是宴会没那么正式的话，男性可以身着深色西装出席，女性则穿着优雅的连衣裙或是套装出席即可。有一点必须请女性留心的是，由于这是用餐场合，所以请以清爽的发型和妆容为主，香水也请酌量使用。

2. 规范入座

根据请柬上注明的席位，或根据自己在众宾客中的身份位置，或由服务生（司仪）引坐，或自己寻找适合自己身份的位置落座。入座时，要从椅子的左侧进入，手扶椅背，将椅子略微抬起往后拉开；落座后，双手要抬起椅子，慢慢靠近桌边。使胸部与餐桌保持一个半拳头的距离为宜。坐定后，上体挺直，不能或仰或俯、东倒西歪；脚并拢，勿伸、勿跷、勿蹬；双手自然平放，手腕靠近桌缘或把手放在自己的膝腿上，不能趴在桌上也不能藏于桌下。进餐时，身子可以略向前靠，但不要把头低向盘子，更不要低头用嘴凑近盘边吃东西，也不要把盘碟端起来吃。

3. 女士优先

尊重女士是西餐礼仪的一大特点。在非官方的西餐宴会上，女主人通常处于第一主人的位置，主宾往往在女主人的右上方；用餐的开始和结束，往往由女主人示意；来宾均先向女主人致意或送花。

西餐宴会一般是男女交叉安排、相邻而坐。为了体现男士的绅士风度，男客人应帮助他右边的女宾拉出座椅，待女宾入席下坐时，再帮助女士将座椅稍稍往前推，使其身体靠近桌的适宜位置，男士待女士坐下后就座。作为女士应对帮自己就座的男士微微一笑表示感谢后坐下，同时请身边的男士就座，并转身和他寒暄，以便引出交谈的话题。

在正式的西餐宴会上，除安排个别的女领位员以外，概不使用女侍者，以体现对女士的尊重。

4. 友好交际

西餐宴会的主旨是交际，宴会交际已成为社会交往活动的重要组成部分。与宴者赴宴前应备好足够的名片，放在西装口袋（女士可放在小提包内）等易于取出的地方，以便交换名片之用。赴宴时的交际更多的是表现在餐桌上。有人说，没有交谈的餐桌上，仿佛少了一道菜。餐宴时的交谈当然以风雅为上，谈一些大家感兴趣而又轻松愉快的话题，如赞美餐桌上的菜肴、酒水饮料和摆饰，或文艺、体育、旅游等话题，不宜谈及宗教、政治、疾病等可能触及别人忌讳的话题。

交谈对象，一般以左右邻座为宜，最好不要隔着别人交谈，尤其不宜大声与餐桌对面的人交谈，但也不要耳语。满嘴食物和正在咀嚼食物时，不要与人交谈，如他人与自己交谈，也应等食物咽下后再应声。如果自己不擅长聊天又缺少话题，不妨当一个好听众，不要随意插话或打断别人的谈话。

为了广交朋友，餐桌上当然少不了交谈，但又不宜太多，也不要说俏皮话、讽刺话和笑话。

5. 礼貌告辞

除了结婚喜宴和正式宴会之外，通常普通的宴会并不会清楚明定结束时间。例如参加鸡尾酒宴会，并没有规定何时离开会比较好，只要没什么重要的事，应尽量避免比主宾早离场。这当然也不是说待越久越好。在离席的时机上，以“中场”为标准。中场为散会的间接说法，当司仪宣布“宴会已经进行到中场了”，即在示意该陆陆续续离席了，借此离席是不错的。离席时也请不要忘记向主办者打声招呼。

（四）自助餐进餐礼仪

自助餐本是西餐的一种进餐形式，由于它具有自由灵活、品种丰富、时间机动、卫生洁净等特点，近年来逐渐与中餐结合，成为饮食市场的主力军。自助餐也有自助餐的礼仪规范。

1. 先落座，再取食

有些人一进自助餐厅就拿盘取食，取完食后，拿着满盘食物到处找座位，这是不文雅的行为。正确的做法是：由服务生领坐，服务生安排在什么位置，就在什么位置落座，除非你向服务生提出特殊要求，但须得到服务生允许。落座后将口布取下，压在盘碟下面，服务生倒上茶水，稍坐片刻再行取食。

2. 少量取，多次拿

自助餐菜品种类繁多，一般由冷菜、热菜（包括汤品）、水果、小点心及各种饮料组成。取食程序应该是：先取饮品小饮两口，再取冷菜（或开胃菜），吃完冷菜再取热菜，吃完热菜再取小点心主食，吃完小点心主食，最后取水果。每次取食切忌贪多，自助餐以每次取食全部用完为佳，不应浪费。取食时不可将不同类别的食物混装于一盘，那种将冷菜、热菜、水果、点心等码在一个盘子上的做法，是不文明的进餐行为。

3. 菜取完，及时补

自助餐的菜品，有的菜会有较多人喜爱，于是会被迅速取完。进餐者不必慌抢，服务生会通知厨房及时添加。这时，可以先品尝其他菜，待菜添上后再取。

4. 现加工，提要求

自助餐厅有许多食品是现加工的，如煎蛋、煎牛扒、下汤粉面等，当你点要某道食品后，要向厨师说明烹调要求。常见有人因点要的食品不符合自己的要求而弃之不用，这是一种不文明的表现，是一种浪费行为。

5. 只能吃，不能带

所有的自助餐，不管是以之待客的由主人亲自操办的自助餐，还是对外营业的正式餐馆里所经营的自助餐，都有一条不成文的规定，即自助餐只许可就餐者在用餐现场里自行享用，而绝对不许可对方在用餐完毕之后携带回家。商务人员在享用自助餐时，一定要牢牢记住这一点。在用餐时不论吃多少东西都不碍事，但是千万不要偷偷往自己的口袋、皮包里装一些自己的“心爱之物”，更不要要求侍者替自己“打包”。

第四节　饮酒礼仪

酒是一种奇特的食品，千百年来，没有哪一种食品像它这样令人惊奇、令人赞叹、令人陶醉。

酒，能够健身。我国的黄酒，素有“天乳”“天之美禄”之称。啤酒含有人体需要的多种维生素，被誉为“液体面包”。药酒具有奇特的滋补作用和医药功能。就是各种白酒，只要少饮、适量，也能舒筋活血、理气和神，对身体健康大有益处。

酒，可助兴、寄情、陶情怡志。因此，古人又称之为“欢伯”。在中国，人们的喜、怒、哀、乐、悲、欢、离、合等种种情感，往往都借酒来抒发和寄托。

酒，是友好的使者。大到官场外交，小到民间往来，大凡迎宾待客，往往都离不开酒。酒已成为公共关系活动中传送友谊的一种“载体”。

然而，酒同世间万物一样，也具有两重性。既能造福，也能惹祸，既给人们带来乐趣，也给人们造成危害。在古代，有多少无道昏君因沉湎酒色、狂饮无度而亡国害民；有多少文臣武将因贪杯暴饮而身败名裂，直至送命。看今天，又有多少因酗酒醉酒而伤身误事，更有甚者酒后无德，而干出一桩桩危害他人、危害社会的违法乱纪之事。有鉴于此，要提倡新的酒德酒风，养成有益于身心健康的饮酒习惯。

一、酒的种类及特点

酒的种类颇多，酒的分类方法常见的有三种：

（一）按生产方法的不同分为蒸馏酒、发酵酒、配制酒

蒸馏酒：原料发酵后，用蒸馏法制成的酒叫蒸馏酒。这类酒的度数较高，其他固形物含量极少，刺激性较强，白酒、白兰地等酒均属于蒸馏酒。

发酵酒：又叫压榨酒。原料经过发酵后，直接提取或用压榨法制成的酒。这类酒度数

较低，而且固形物含量较多，刺激性小，啤酒、果酒等均属于压榨酒。

配制酒：用成品酒或食用酒精，配合一定比例的糖分、芳香原料或中药材，混合贮存后经过滤而成。用芳香原料配制的称为露酒，用中药材配制的称为药酒。常见露酒有青梅酒、玫瑰酒，药酒有莲花白、竹叶青等。

（二）按酒精含量的高低分为高度酒、中度酒、低度酒

高度酒：酒精含量均在40%以上，所以酒精含量在40°以上的酒称为高度酒。

中度酒：酒精含量在20°～40°的酒，属于中度酒，多数露酒和药酒都是中度酒。

低度酒：酒精含量在20°以下的酒，属于低度酒，如啤酒、黄酒、葡萄酒。

（三）按商业经营分为白酒、啤酒、葡萄酒、黄酒、露酒、药酒

白酒：又称烧酒、中国白酒，它与白兰地、威士忌、劳姆酒、伏特加、金酒齐名，被誉为世界六大蒸馏酒之一。我国白酒按香型分为酱香型白酒（以茅台酒为代表）、浓香型白酒（以泸州老窖为代表）、清香型白酒（以汾酒为代表）、米香型白酒（以桂林三花酒为代表）、其他香型白酒。

啤酒：啤酒为营养丰富型的清凉饮料，素有“液体面包”之称。啤酒根据杀菌与否分鲜啤和熟啤。

葡萄酒：以葡萄为原料酿造的酒，因酒液中含有人体所需多种维生素和氨基酸，故成为高档宴会上不可缺少的饮料。葡萄酒根据葡萄颜色的不同分为白葡萄酒和红葡萄酒；根据含糖的多少分为干葡萄酒、甜葡萄酒。

黄酒：它是用粮食酿造的弱性酒，一般含酒精10%～15%，因色泽黄亮而取名“黄酒”，是我国特有的传统饮用酒。

露酒：它是用葡萄酒或黄酒、食用酒精为酒基，加入一定的香料、糖料和食用色素等配制而成的一种酒。

药酒：它是以黄酒或白酒为酒基，配以各种药材经浸泡等工艺制作的、具有一定医疗作用和滋补作用的一类酒。

二、饮酒礼仪与禁忌

传承数千年的中华酒文化，积淀了丰厚的饮酒礼仪风俗，无论是三朋四友小酌，还是盛大宴席豪饮，人们必须遵循约定俗成的饮酒礼仪规范。

《晏子》载：有一次，齐景公趁着酒兴在酒宴上说：今天我想和诸位大夫纵情酣饮，请大家不要拘于礼。这时齐相晏婴马上进行规劝，但是齐景公不听。饮了一会儿酒，齐景公外出解手从晏婴身前走，晏婴不起身致礼；齐景公回来时从晏婴面前经过，他还是不起身致礼。对此，齐景公已有几分不快了。待到大家举杯饮酒时，晏婴不等齐景公先喝，便抢先喝了自己杯中的酒。对于晏婴一再违礼的做法，齐景公再也忍不住而大怒起来：晏子，你一向主张无礼不可。今寡人出入你不起身，举杯时你又抢在寡人前喝酒。难道这就是礼吗！晏婴连忙离席再拜，然后对齐景公说道：晏婴怎敢违背君王在酒宴上所说的不需用礼的话。我刚才的举动是遵您的旨意而办的。君王如果真的想不拘礼的话，其后果必然这样，难道能说我无礼的做法不对吗？齐景公于是恍然大悟，便请晏婴入席，然后按照君臣饮酒的礼仪，行三巡酒而结束了酒宴。

由此可知，传承已久的饮宴礼仪是不能随便打破的，齐景公所说的不用拘于礼的话只不过是酒席上的醉语而已，一旦别人真的在酒桌上不讲君臣之礼，他就受不了了。

饮酒不讲礼不仅在官宴上不允许，就是在平民百姓的酒席上也会遭到人们的指责或被罚酒。

（一）古今通行饮酒礼仪

（1）无酒不成席。凡设席宴客必置酒，否则会被视为对设宴不重视或对被宴请的客人不尊重。即使主宾或主人不胜酒力，也应拿些红酒、啤酒甚至米酒充当。总之，酒席中少了酒就失去了灵魂。

（2）七分茶八分酒。这是流传很广的一句话，也就是说给客人沏茶只能沏七分，而斟酒只能斟八成，常说的“满上满上”就是指斟上八成酒。这也是暗示喝酒之人不可贪杯过量，有十成酒量的人，喝到八成就好了，这样既不伤身体，又不会出洋相，可谓是斟酒的一礼。不过有些地方是斟满十分的。

（3）叩指礼。当主人给你斟酒的时候，把食指和中指捏在一块，轻轻地在桌边上点几下，以示感谢，就叫“叩指礼”。

关于“叩指礼”，还有一个民间传说呢！据说乾隆皇帝微服私访江南的时候，和太监一块饮酒，乾隆让太监坐在旁边。本来，朝廷里规矩多，奴才见了主子都得三跪九叩，太监和皇上坐在一块，他真的要喊几声“谢主隆恩”了。可这是微服私访，不能暴露身份，于是，聪明的太监就想出这么个办法，用食指、中指、无名指三个指头在桌边轻轻地点了九下，象征着三跪九叩。后来，慢慢流传到民间，一直沿用至今，只不过没有点那么多下罢了。这个礼节在我国广东、福建、香港以及新加坡、马来西亚等地尤为盛行。

（4）先干为敬。两人碰杯，先干者表敬意。下级向上级敬酒碰杯时，下级先干；晚辈向长辈敬酒碰杯时，晚辈先干；男士向女士敬酒碰杯时，男士先干。总之，先干者表示对对方的敬意和尊重。

（5）低杯为敬。两人碰杯，身份低者或年轻者与身份高者或年长者敬酒碰杯时，前者应将杯身略低于后者的杯身为佳，否则为不礼貌。

（6）起身为敬。同桌敬酒，如身份、年龄相差较大，年轻、身份低者应站起向长者或身份高者敬酒。个别为表敬意，也可下位走近长者或身份高者身旁敬酒。

（7）双手捧杯为敬。年轻、身份低者向长辈或身份高的人敬酒，以双手握杯为表尊敬。

（8）碰杯必喝干。通常所说干杯，都是象征性的，而酒杯与酒杯相碰之后，则必须喝干，并且还应将酒杯倒过来，以示干净。

（9）敬酒讲秩序。同桌敬酒，讲究一定的秩序。随从人员陪上司宴请来宾时，陪同人员不可抢在上司之前向来宾敬酒，而应让上司先敬后，随从再敬。敬酒讲究顺序，或从最尊贵的客人敬起，以席上人员地位或年龄的高低，依次往后敬；或从主宾开始，顺时针方向敬。只要敬酒，全桌皆要敬，不可遗漏。

（10）代酒讲规矩。酒宴上，对方给自己敬酒，而自己又不胜酒力，这时可请人代酒（代饮）。代酒讲究一定的规矩：只能上级找下级代、年长者找年轻者代、女士找男士代，反之，则为不礼貌。

（二）饮酒之礼忌

忌者，人之忌讳也。酒具有兴奋和麻醉神经的作用，人一旦饮酒过量，容易控制不住自己的情感，并失去理智，因而会导致一些失礼的行为发生。

（1）忌闪约。朋友相邀，既已应约，须准时赴会。否则，酒菜已上，众宾客就座，唯独你一个人迟迟不来，不等你为不恭，等你又酒菜易凉，又似怠慢到席之人，徒使主人焦急为难。

（2）忌纵饮无度。“饮酒以不醉为度。”然而有许多人却喜欢贪杯，贪杯则易醉，醉酒易失礼。醉酒之人往往话多，话多必失。酒后吐真言，如果吐出的是一些矛盾，则易引起纠纷；如果吐出的是机密，则是违法行为。因此，嗜酒者切忌贪杯、酗酒。

（3）忌久饮不休。饮酒的时间，应有所控制，喝了即止，切忌打“疲劳战”“持久战”，动则“为长夜饮”。即使有朋自远方来，边饮边叙，时间不免要长一些，但也不应忘乎所以，不顾休息，以免影响次日的生产、工作和学习。

（4）忌苦劝。要敬酒，可劝酒，但不能逼酒。应该“酒逢知己千杯少，能喝多少喝多少”。善意的劝酒，目的是使人喝好尽兴，绝非将人灌醉，使其遭罪。愿饮者，不用劝，不善饮者，不宜强劝。此外，劝酒不应“轮番轰炸”，盯住一人，你敬我劝，都来“亲近”，人欲推辞，则必以种种理由强其干杯，或云“你喝了张三的，不喝我李四的?”或说“你喝了领导的，不喝群众的?”总之，不达目的，暂不罢休。须知，即使“酒场宿将”，也经不起“车轮战术”，如此下去，是非让人醉不可了。那么，劝酒的善意又在哪里?

（5）忌不诚恳。不诚恳有种种表现，一是以水代酒，捉弄他人。酒席之上，觥筹交错，主客欢饮，必欲尽兴，不诚之人，乃趁机暗做手脚，以水代酒，邀人干杯，与人争胜。一旦“把戏”被人揭穿，则必当场丢丑，留下话柄。二是入口不咽，暗地吐出。邀人同饮或被邀同饮，故作豪爽，二话不说，引颈举杯，倾酒入口，引得旁人喝彩叫好。然而就在这喝彩叫好声中，此君或若不经意而回身，或极自然而低首，则酒已吐之于地，旁人却浑然不觉；或酒刚入口，随即掏出手帕拭唇，趁势将酒吐之于手帕上。三是初饮推托，将散不休。常见一些“要心眼”“留后手”者，参加宴饮，唯恐喝醉，初饮时小心翼翼，略略沾唇而已，一巡过后，别人已酒尽杯空，他的杯中犹然半满。别人见此情形，必然出面劝酒，此君则连称己不善饮，谦恭有加。别人信以为实，也就准其随意自饮，不再强劝，酒宴自始至终，在一片和谐欢乐的气氛中进行。不想酒宴将阑，众人微醉之际，此君却突然酒瘾大发，酒兴大盛，呼甲唤乙，发动攻势，弄得众人瞠目结舌，不知所措，欲罢不甘，欲饮不能，不欢而散。四是能饮不饮，表面敷衍。众人干杯，能饮而不饮尽。五是饮酒看人，高低有别。这类人“看人下菜碟”，如果有地位、有身份的人邀他干杯，他会情绪昂扬，一饮而尽；而一般人邀他干杯，则或推辞，或饮而不尽，淡然冷漠，往往伤害对方的自尊心。

（6）忌争执骂座。众人饮酒，本来图个愉快欢乐，如果酒后骂座，挑起争斗，就无异于聚众闹事了。即使在席双方平素有些疙疙瘩瘩，但既然坐在一起，又当着其他宾客，双方就应克制，最好是趁此机会，彼此尽释前嫌，言归于好，这样将给酒宴添辉，主客皆为之祝贺、高兴。切忌“酒后借端，发泄宿怨”，出言无忌，指桑骂槐，弄得主人不安，客人不快。

（7）忌当场呕吐。一旦饮酒过量，觉得反胃时，应赶快离开酒桌，切不可当场呕吐，那样既不卫生，又大煞风景。

（8）忌不遵令。众人饮酒，人人都要遵守酒席上的规矩。特别是飞觞行令时，酒令大于军令，一定要听令而行。第一，要听清楚酒令的内容、要求，不可违令；第二，违令时要认罚，不得推托抵赖。

第五节 饮茶礼仪

茶是世界三大饮品（酒、茶、咖啡）之一，也是中国的“国饮”。我国历来有“客来敬茶”的礼俗。早在三千多年前，茶已被奉为礼品与贡品，到两晋、南北朝时，客来敬茶已经普遍成为人际交往的社交礼仪。

当今社会，饮茶更是人们日常社交活动不可缺少的一项内容，并形成了一系列与日常生活相适应的礼仪。

一、茶的种类及特点

茶树的鲜叶采摘后经过加工即可制成各种茶叶。所有的茶叶可分为两大类：基本茶类和再加工茶类。基本茶类包括绿茶、红茶、乌龙茶、白茶、黄茶、黑茶，再加工茶类包括花茶、紧压茶、萃取茶、果叶茶、保健茶。

1. 绿茶

绿茶是我国产量最多的茶叶。绿茶的基本特征是叶绿汤清，加工工艺是鲜叶采摘后经过高温杀青，经揉捻、干燥后制成（揉捻后用热锅炒干称为炒青，揉捻后进行烘干的称为烘青，烘青的绿茶主要用来窨制花茶）。著名的绿茶品种有杭州的龙井、苏州的碧螺春、江西婺源的婺绿和庐山云雾、安徽屯溪的屯绿和六安瓜片以及河南的信阳毛尖等。绿茶中有所谓“明前茶”和“雨前茶”，是在每年清明和谷雨前采摘嫩芽幼叶制成，特别珍贵。

2. 红茶

红茶的基本特征是叶红汤红。红茶的加工工艺是鲜叶采摘后不用高温杀青，而是经过萎凋、揉捻、发酵（绿茶是不发酵的），叶子变红后再进行干燥。红茶又分为小种红茶（经过松柴烟熏具有特殊松烟香味）、工夫红茶、红碎茶（将叶片切碎后再发酵、干燥）。著名的品种有安徽的祁门红茶（祁红）、云南的滇红、江西的宁红等。

3. 乌龙茶

乌龙茶也称青茶，外形色泽青褐，属于半发酵茶。其加工工艺是鲜叶采摘后经过晒青萎凋、反复数次摇青，叶子进行部分发酵红变，然后经高温锅炒、揉捻、干燥而成。冲泡后叶片上有红有绿，汤色黄红，有天然花香，滋味浓醇。著名品种有福建的武夷山岩茶、安溪铁观音等。

4. 白茶

白茶属于轻微发酵茶，基本工艺是萎凋、晒干或烘干。成茶芽叶自然舒展，满披白色茸毛，汤色清淡，主产于福建福鼎一带。

5. 黄茶

黄茶是鲜叶杀青、揉捻后经过堆积闷黄，再炒，再堆积闷黄，然后烘焙干燥。著名的品种有湖南岳阳的君山银叶、安徽的霍山黄芽、四川的蒙顶黄芽等。

6. 黑茶

黑茶一般原料较粗老，制作过程中堆积发酵时间较长，叶色油黑，可以直接饮用，也可制成紧压茶销往边区供少数民族消费。

7. 花茶

一般是用烘青绿茶和香花拼和窨制，使茶叶吸收花香制成花茶，有茉莉花茶、白兰花茶、珠兰花茶、桂花茶等品种，以茉莉花茶最常见。北方群众饮花茶者较多。

8. 紧压茶、萃取茶、果味茶和保健茶

紧压茶是用各类茶叶经过加工蒸压成一定形状，如销往边区的砖茶、云南的普洱茶(沱茶)。萃取茶是用热水萃取茶叶中的可溶物，过滤后获得茶汤，再经过浓缩干燥成固态的“速溶茶”或不经干燥的液态的“茶饮料”。果味茶是在茶中加入果汁制成茶饮料，如柠檬茶、橘汁茶等。保健茶则是在茶中加入中草药，加强防病治病的功效。严格说来，后两种茶的比重较小，如保健茶中更多的是靠中草药发挥作用，不能算是真正的茶。

二、约定俗成的饮茶礼仪

（1）“客来敬茶”。客来敬茶是我国生活礼仪的一项重要内容。有朋友来做客，主人首先要奉上一杯清茶。“请喝茶!”通常是主人对客人表示欢迎或尊重的一句话。待人以茶，常被视为高雅之举。我国古代许多清廉高洁之士，奉行“淡泊以明志，宁静以致远”的人生哲学，而淡泊正是茶的天性。饮茶可以使人达到一种平静和谐的心灵境界，它可以陶冶个人性情，培养高雅情趣，协调人际关系，有助于社会风气的改良，有助于社会秩序的稳定（见图6－4）。

图6－4　湖北城市职业学校教师石林叶（左二）表演敬茶礼仪（摄影　张佳）

（2）“端茶送客”。茶可用来敬客，在中国历史上，也有用茶逐客的。这种做法多见于官场中。如大官接见小官，倘若有言语冲突，或言繁而烦心，大官就会严肃地端起茶杯，以一种端茶的特殊方式，示意侍从送客。相传，孙中山先生为求团结救国，曾北上去找清政府李鸿章，面呈政见，但由于话不投机，不一会儿李鸿章就生气地喊道："端茶！"于是孙中山愤然起立，拂袖而去。端茶送客与客来敬茶的美德是背道而驰的，在提倡社会文明进步的今天，这种习俗应当摒弃。

（3）"茶三酒四"。茶三酒四所表示的意思是品茶时，人不宜多，以两三人为宜。喝酒则不然，与品茶相比，人可以多些。明人陈继儒在《岩栖幽事》中提出："品茶，一人得神，二人得趣，三人得味，七八人是名施茶。"人多嘈杂，不可能静心品饮，只不过是喝茶解渴而已。因此，如果是以品茶为形式的社交活动，以两三人为佳。

（4）"浅茶满酒"。在中国民间有一种习俗，叫作"茶满欺人，酒满敬人"，或叫"浅茶满酒"。它指的是，在用玻璃杯或瓷杯或盖碗直接冲泡茶水用来供宾客品饮时，一般只将茶水冲泡到品茗器的七分满为止。这是因为，首先，茶水是用热水冲泡的，主人泡好茶后，马上奉茶给宾客，倘若满满的一杯热水，无法用双手端茶敬客，一旦茶汤晃出，又颇失礼仪。其次，人们品茶通常采用热饮，满满一杯热茶，会烫坏嘴唇，这不是叫人无法饮茶吗？还会使宾客处于尴尬场面。最后，茶叶经热水冲泡后，总会或多或少地有部分叶片浮在水面。所以，人们饮茶时，常会用嘴稍稍吹口气，使茶杯内浮在表面的茶叶下沉，以利于品饮。饮酒则不然，习惯于大口畅饮，所以在民间有"劝酒"的做法。加之通常饮酒不必加热，即使加热，也是稍稍加温就可以了。所以说，浅茶满酒，既是民间习俗，又符合饮茶喝酒的需求。

（5）"七分茶三分情"。七分茶三分情，其实就是浅茶满酒的体现。其做法是主人在为宾客分茶或直接泡茶时，用量正好控制在品茗杯（碗）的七分满为止，而留下的三分空间，当作充满了主人对客人的情意。其实，这是泡茶和品茶的需要，而民间则将其上升为融洽宾主关系的一种礼仪用语。

（6）"叩桌行礼"。人们在饮茶时，能经常看到冲泡者向客人奉茶、续水时，客人往往会端坐桌前，用右手中指和食指，缓慢而有节奏地屈指叩打桌面，以示行礼之举。在茶界，人们将这一动作俗称为"叩桌行礼"，或叫"屈膝下跪"，是下跪叩首之意。这一动作的寓意，与前面"饮酒礼仪"所说的"叩指礼"相同，均表示对主人的尊重。不过，这一寓意动作，又有了新的发展。有的茶客也会用一个食指叩桌，表示我向你叩首；倘用除大拇指以外的其余四指弯曲，连连叩桌，寓意我代表大家或全家向你叩首。这种情况，一般在主人向你敬茶时运用。

（7）"以茶代酒"。在中国民间有以茶代酒之习俗，无论在饭席、宴请间，还是为朋友迎送叙谊时，凡遇有酒量小的宾客，或不胜饮酒的宾客，总会以茶代酒，以饮茶方式来代替喝酒。这种做法，不但无损礼节，反而有优待之意。所以，在中国，此举随处可见。宋人杜耒诗曰："寒夜客来茶当酒，竹炉汤沸火初红。寻常一样窗前月，才有梅花便不同。"说的就是这个意思。

（8）"及时续水"。按照中国民间饮茶礼仪，当客人饮茶时，茶杯中的茶水只剩 1/3 时，就得续水，否则就视为主人不热情，或认为主人不愿与来客多谈，请客人离开。因此，在日常接待活动中，一定要注意及时为客人续茶水。

（9）"捂杯谢茶"。宾主双方经过长时间品饮聊天后，来宾要告辞了。这时如果主人或服务生续水，客人可以用左手掌轻轻按一下杯（碗）口，意思是：谢谢你，请不必再续水，我要告辞了。使用这种无声的语言，既显来宾讲礼貌、有涵养，又符合“廉、美、和、敬”的中国茶道精神。

（10）“饮茶五忌”。在较为正式的场合饮茶时，应禁止下面五种不文明行为，统称“五忌”。一忌狼吞虎咽，二忌连饮数杯，三忌响声大作，四忌嚼食茶叶，五忌吐回杯中。

第六节　现代品饮礼仪

茶、酒（专指白酒）是中国传统的饮品，随着中西文化的交融，现在越来越多的新式饮品进入了我们的生活。这里仅对社交场合饮用比较普遍的咖啡和红酒的品饮礼仪做些介绍。

一、咖啡

咖啡是当下十分流行的时尚饮品，喝咖啡也很有讲究。

首先，一杯咖啡端到面前，不要急于品尝，先要细细体会一下那扑鼻的浓香，对着咖啡杯深吸一口气，顿时你会感受到咖啡给你带来的妙处。然后，吹开咖啡油，再轻啜一小口，品味咖啡的原味。之后，再随个人爱好，加入糖、奶，再细细品味与原味的不同之处。人们品味咖啡时，往往在咖啡里加入方糖，不急于搅拌，从上往下慢品，享受“苦尽甘来”的意蕴。

喝咖啡时，右手拿着咖啡杯耳，左手轻托咖啡碟，慢慢品饮，不应发出声响。饮毕，应立即将咖啡杯置于咖啡碟中，不可将二者分别放置。

二、红酒

红酒近年来受到众多人士的青睐，并且成为一种高雅的社交工具。红酒杯应为高脚杯。喝红酒也有许多规矩和要求，民间有“品红酒三部曲”之礼规。

第一步，观赏：将红酒倒入高脚酒杯中，握着酒杯下部，将酒对着光源观察，欣赏酒的色泽和透体感。

第二步，闻香：轻轻摇晃酒杯，让香气缓缓释放出来，将杯子执于鼻前，闻其散发的香味。

第三步，品尝：尝一小口，含在口中下颚部，慢慢咽下，让喉咙判定酒的浓与淡，让舌头感觉酒的甜与酸。

倒红酒时，一般斟入酒杯容量的1/3。酒斟满则难举杯，更无法观色闻香。

品红酒时，最好不要加冰块或雪碧等，因为好的葡萄酒都是100%葡萄汁发酵而成，随意添加其他调料或饮品，会对葡萄酒的原产风味造成破坏，也是对辛勤劳作的葡萄酒生产者的不尊重。

握酒杯时，应持杯柱，也就是杯子最细的地方；碰杯时，将杯口举至眼平，目视对方，杯肚处轻轻触碰，杯口与对方齐平，不像白酒一定要低于对方酒杯；不应一次喝干。

概言之，饮红酒（亦指葡萄酒）有三忌：忌满杯斟酒、忌大口饮、忌掺杂饮，此为红酒品饮之礼仪所在。

本章要点

民以食为天，尤其对于中国人来说，吃是第一要务，很多事情都离不开餐饮。中餐讲究菜品和秩序，西餐讲究氛围和自在；中国讲究饮茶、饮白酒，西方讲究饮红酒、饮咖啡……无论中西方，餐饮都有其独特的礼仪，做到宴请待客如宾，赴宴做客知礼。

思考训练

一、单选题

1. 宴会上，为表示对主宾的尊重，主宾的座位应是（　　）。

A. 主人的左侧　　B. 主人的右侧　　C. 面对门的位置

2. 关于敬酒的正确顺序是（　　）。

A. 主人敬主宾、陪客敬主宾、主宾回敬、陪客互敬

B. 主人敬主宾、主宾回敬、陪客敬主宾、陪客互敬

C. 主宾敬主人、陪客敬主宾、主人回敬、陪客互敬

3. 女士携带的手提包，在正式宴会就餐期间应（　　）。

A. 放在背部与椅背之间　　B. 挂在自己椅子的靠背上

C. 挂在衣架上

4. 使用餐巾时，不可以用餐巾来（　　）。

A. 擦嘴角的油渍　　B. 擦手上的油渍　　C. 擦拭餐具

5. 关于西餐餐具的使用，下面哪项做法是错误的？（　　）

A. 一般情况下，左手持叉，右手持刀

B. 就餐过程中，需同人交谈，刀叉应在盘子上放成八字

C. 取用刀叉或汤勺时，应从内侧向外侧取用

6. 在西餐用餐完毕时，应将刀叉如何摆放？（　　）

A. 刀叉并拢平行放在盘子上，刀右叉左，叉面向上

B. 刀叉一端放在盘子上，一端放在桌上

C. 将刀叉摆放成十字形

7. 在西餐的进餐过程中，如果吃的是全鱼，那在吃完鱼的上层后，应怎样吃鱼的另一面？（　　）

A. 用刀叉剔除鱼骨，继续吃鱼的另一面

B. 将鱼翻身，继续吃鱼的另一面

C. 以上两种都可以

8. 在西式自助餐中，离座取食时，应将餐巾放到哪里？（　　）

A. 座椅上　　B. 餐桌上　　C. 拿在手里

9. 在西餐厅，如果用餐的时候刀叉不小心掉在地上，应该怎样做？（　　）

A. 弯下腰去捡

B. 轻唤服务生前来处理并更换新的餐具

C. 不管它，用餐结束再说

10. 西餐就餐过程中，应如何吃面包？（　　）

A. 从面包上掰下一块，抹上黄油再吃

B. 整块面包都抹上黄油，再用口咬着吃

C. 用刀切割面包，用叉送入口中

参考答案：

B、A、A、C、C、A、A、A、B、A

二、问答题

欧阳修《春日西湖寄谢法曹歌》诗曰：遥知湖上一樽酒，能忆天涯万里人。饮酒可健身怡情起兴，营造氛围，但公共场合饮酒应注意礼仪。除了以下的常规礼仪外，你认为还有哪些礼仪？

（1）头脑保持清醒，切忌贪杯，饮酒一般控制在本人酒量的 1/3 之内；

（2）工作前不喝酒，以免谈话时口喷酒气；

（3）交际酒会时，主人应有礼貌劝酒，席间的干杯或共同敬酒一般以 1～3 次为宜；

（4）切忌猜拳行令，粗野放肆；

（5）切忌酒后失德，言行失控；

（6）不要勉强劝不会喝酒的人喝酒；

（7）等主人、领导先敬酒。

三、阅读思考题

刚到华大公司上班的小张，接到李总的指示，准备在元旦前夕宴请有业务联系的部门领导。小张认为应做好宴请的筹备工作，主要包括以下几方面：确定宴请的对象、范围、规格和形式；确定宴请的时间、地点，发出邀请；选定菜谱；安排席位（a 位次：居中为上，以右为上，以远为上。b 位次：面门为上，以右为上，以远为上）。

结合本章所学知识，你觉得小张考虑得是否正确、全面、周到？

四、案例分析题

人生得意须尽欢

周一一大早，项目经理张宇新得到一个令人振奋的好消息：他负责的一个大项目，历时三年，终获行业大奖。当晚他便迫不及待地邀请集团领导和项目团队成员举行庆功宴。虽然只有十余人，但菜肴却相当丰富：龙虾、鲍鱼，甚至还有当地特有的山龟、野鸡，共有 20 多个菜品。席间，大家划拳劝酒，高声阔谈，唱和抒怀，兴致盎然。“酒喝干，再斟满，今夜不醉不还。”仿佛三年来的艰辛奋战，只为此刻的推杯换盏。几巡酒后，很多菜未动，但是杯盘狼藉。直到深夜，饭店早已打烊，服务员委婉地催了又催，他们才恋恋不舍地起身作别。此时张经理一改平日作风，衣衫不整，东倒西歪，大家更是忘了身份，勾肩搭背。

讨论：

1. 你认为张宇新举行的庆功宴成功吗？为什么？如果是你，你会怎么做？

2. 你还了解哪些用餐陋习？请展开讨论。

第七章 沟通礼仪

学习目标

了解交谈礼仪、网络礼仪的重要性；

掌握交谈礼仪和技巧，正确运用电话和网络等沟通方式；

与人准确、高效、友善交流，与时俱进，享受现代技术带来的沟通便利。

案例导入

某大学生，在与母亲通电话时，听说家乡有“针刺事件”发生，于是在未经核实的情况下，以“针刺事件居然闹到重庆来了”为题，在百度贴吧中发帖，引起众多网民浏览或回帖，在客观上构成了违法事实。根据《中华人民共和国治安管理处罚法》第二十五条第一款规定：散布谣言，谎报险情、疫情、警情或者以其他方法故意扰乱公共秩序的，处五日以上十日以下拘留，可以并处五百元以下罚款；情节较轻的，处五日以下拘留或者五百元以下罚款。公安分局依法对其做出治安拘留 3 日的处罚。

案例分析：

网络道德失范行为常常被认为是网络失范行为，是在以互联网为基础构建的网络社会中，人们的行为违背了一定的社会规范和所应遵循的行为准则要求，而在虚拟空间中表现出的行为偏差，以及因为对互联网使用不当所导致的行为偏差等情况。网络道德失范行为包括道德规范缺失行为（网络谣言）、道德规范冲突行为（网络色情）、极端道德失范行为（网络黑客）。随着移动互联网技术和 SNS（社会网络）技术的快速发展，大学生一要培养个人媒介素养，提升对信息的选择能力、对信息的理解能力、对信息的质疑能力、对信息的评估能力、信息的创造和生产能力以及对信息的回应能力；二要主动学习网络法律知识，树立牢固的网络法律意识；三要遵守社会道德规范，增强道德自律意识，文明网络行为。

学习内容

物以类聚，人以群分，同行、同龄、同地域的人，能够快速建立联系；情趣相投、志同道合、同一圈子的人有时却会产生分歧，甚至夫妻、家人之间也会矛盾重重。究其原因，往往是沟通出现了问题，要么表达不准确、不全面、不到位，要么听者不耐心、不细心。人们交流沟通，既可以面对面，也可利用一些通信工具。随着我国人民生活水平的逐步提高和通信事业的迅猛发展，电话、手机、网络成为人们联系工作、交流信息、联络感情的重要通信工具，讲究网络礼仪也愈显重要。

第一节　交谈礼仪

交谈是人们进行交往的重要方式。人们在办公场所交换工作意见，在花前月下交流思想感情，在汽车、火车上传递各地信息……可以说，人际交往离不开交谈。善于交谈者，常能如愿以偿；若交谈不得法，则有可能“碰钉子”，甚至坏事。因此，为了使交谈获得最佳效果，以便交往获得成功，应掌握交谈技巧，重视交谈礼仪。

一、语言交谈礼仪

例如，一个人口才不错，但他与人交谈时，习惯自己高谈阔论，唱“独角戏”，结果，“被人遗忘的”交谈对象常因为没有机会“表演”而怏怏离去，他因此而感到困惑。对此，他需要明白的是，交谈是双向交流，为了达到交流的目的，不可忽视交谈礼仪。

与人交谈，要做到态度诚恳，表情自然，举止得当，语言文雅。此外，还要学一点交谈技巧，让谈话引人入胜。

（一）交谈举止

1. 交谈时的目光

两个人面对面交谈时，双方宜相互凝视对方的眼睛及周围部分，以表达自己的专注之情。目光应是自然、柔和、友善的，而不要紧盯着对方，使对方感到不自然。与长辈、领导交谈时，眼睛应流露出尊敬的神情；与同事、朋友交谈时，应流露出宽容的神情；与爱人交谈时，应充满温情；与不幸者交谈时，则应表现出同情心。

2. 交谈时的距离

与不同关系的人交谈时，双方应保持相应的交谈距离。如与陌生人交谈时，两人的间距为 1.5 米左右；与熟人交谈时，相距 1 米左右；与亲友交谈时，距离 0.5 米左右，有时还可以更近些。交谈时，双方自觉地保持适当的距离，既不要相距太远，给对方以冷落感；也不要靠得太近，使对方有压抑感。酌情调整距离，以便双方自由自在地交谈。

3. 交谈时的动作

与人交谈时，根据需要可以借助一些动作来说明问题，增强感染力。如点头表示赞同，侧身相对表示蔑视等，但手势的幅度不宜过大，切忌对别人指手画脚，以免引起误会。此外，与长辈、师长、上级交谈时，不要把手背在身后或插在口袋里，也不要做一些不必要的小动作，如摆弄衣角、甩头发等。

除此之外，交谈时应尽量使用礼貌用语，忌出言不逊；讲话要掌握分寸，忌信口开河；交谈中可以真诚地赞美他人，而不要贬低或中伤他人。下附部分常用雅语：

初次见面说“幸会”，好久不见说“久违”，看望别人说“拜访”，等候别人说“恭候”，中途退场说“失陪”，与人分别说“告辞”，请人勿送说“留步”，请人帮忙说“劳驾”，麻烦别人说“打扰”，求给方便说“借光”，托人帮忙说“拜托”，对方来信称“惠书”，请人指教说“请教”，他人指点称“赐教”，请人解答用“请问”，赞人见解说“高见”，赠送作品说“雅正”，归还原物说“奉还”，求人原谅说“包涵”，老人年龄叫“高寿”，客人来到说“光临”，欢迎顾客叫“光顾”。

（二）交谈技巧

1. 见什么人说什么话

俗语说：“人上一百，形形色色。”由于众人的阅历、修养、兴趣、性格等方面千差万别，所以，与不同类型的人交谈时，交谈话题、用语、风格要有所区别。例如，与股民聊股市行情，对方会兴趣盎然；与球迷谈足球大赛，对方会眉飞色舞；与农民朋友唠家常，不必讲文绉绉的话；同文化界人士聊天，不要使用粗俗的语言；与性格豪爽者谈话，不妨畅所欲言、直来直去；与作风稳健者交谈，注意遣词造句，力求言简意赅。反之，交谈效果则会截然不同。在通常情况下，谈话要言之有物，言之有理，不要讲大话、空话、假话、套话。

2. 在什么山上唱什么歌

一对恋人在公园里谈情说爱，人们往往会投去羡慕的眼光，并在心里为他们祝福；而这对恋人若在办公室打情骂俏，则显得不太雅观，说不定还会遭到同事的鄙视。由此看来，交谈不仅应因人而异，还要讲究因地、因时、因情而异。

在不同情形下选择适宜的话题，是顺利交谈的关键。如在学校谈春游计划，或者谈学习体会等同学们都比较感兴趣的话题，容易产生共鸣。在车站、候船室等公共场合，尽可能选择大家均有所了解而谈起来又相对轻松的公众话题，如天气情况、新闻事件、文艺演出、体育比赛等。此外，也可以讲一些健康的趣闻逸事，以活跃交谈气氛。不过，在严肃的场合则不要随便说浑话、讲笑话。

3. 察言观色，随机应变

交谈时，既要会讲，还要会听。听对方讲话时应聚精会神，以便了解对方的意图。交谈时要善于察言观色。当对方脸上出现厌倦神色，说明对方对谈论的话题已失去兴趣，这时须换一个话题；若对方频频看表，或坐立不安，则表明对方另有活动安排或暗示欲抽身，这时应该结束这次谈话了。

二、非语言交谈礼仪

（一）面部表情

一个人的形象包括：仪容、仪表、仪态、手势、谈吐和交际，即“个人形象六要素”。

如果说仪容、仪表展示的是一个人的静态形象，那么仪态就是一个人的动态形象。静态形象相对来说容易把握，而动态形象则需要花费时间和精力来修炼。一个人或许没有出众的外貌、时尚华丽的服饰，但他可以通过端庄的仪态、文明的谈吐、优雅的举止来展示其更为深层的人品、性格、修养和气质风度的美。

美国心理学家艾伯特·梅拉比安认为信息沟通来源于7%的声音＋38%的内容＋55%的身体语言。

当听到有人叫我们名字的时候，我们会很自然地去寻找发出声音的那张脸庞，然后注视他的双眼。因为眼睛是心灵的窗户，是传情达意最重要的器官，可以最为真实地流露一个人的内心。表情的基本要求主要有：自然、真诚、生动、友善。

2013年，在澳网公开赛女单决赛上，李娜两次摔倒后站起，虽然错失澳网冠军，但豁达的李娜在发布会上还是露出了发自内心的笑容，被深受感动的网友称为“最美微笑”。

1. 眼神

一张生动的脸和一双具有灵气的眼是我们与人交流最好的法宝。目光的巧妙接触，对于沟通的作用异常巨大。一般交谈时应看着讲话者，如果与多人交流，则不忘照顾其他人。

目光总体要求是：平视、正视、热情、柔和、坦然。

平视：面部正向对方，目光保持水平；正视：正面朝向对方，既是对对方的尊重，也是自信的表现；热情：用目光主动迎接对方并保持一定的时间；柔和、坦然：投射的目光既不能焦点过于集中但又不能无精打采。

我们的目光应落在对方哪个部位才会既友好而又安全呢？可简单归纳为“三角四边”。

正三角——公务凝视区，在洽谈业务、贸易谈判或者磋商问题时所使用的一种凝视。

倒三角——社交凝视区，通常在社交场所使用这种凝视。

正四边形——亲密凝视区，即亲人、恋人之间使用的一种凝视。

如果容易混淆，可记住一个原则：目光愈往下关系愈亲密。

以上是近距离交谈的目光部位。如果是陌生人，比如在公交车上、商场购物等近距离接触的场合，目光不宜集中在对方身上某一点。

目光注视的时间：一般而言应占整个交谈的1/3～2/3。1/3左右表示友好，2/3左右表示重视，不到1/3表示轻视，2/3以上表示敌意或者太感兴趣。

注视的角度可分为以下几种：

平视，即视线呈水平状态。常用在普通场合与身份、地位平等的人进行交往。比如有些少儿节目主持人，蹲下来与小朋友交流，容易获得小朋友的信赖，效果自然要好得多。

仰视，即主动居于低处，抬眼向上注视他人，以表示尊重、敬畏对方。

俯视，即向下注视他人，既可表示对晚辈宽容、怜爱，也可表示对他人轻慢、歧视。

侧视，是一种平视的特殊情况，即位于交往对象的一侧，面向并平视着对方。侧视的关键在于面向对方，若为斜视对方，即为失礼之举。

目光交流效果胜过语言交流，我们应善用目光让对方感受到你对他的关注和尊重。因为大多数人喜欢表达的时候，而你恰恰是一个倾听者，这样的交往，你虽没有开口说话，但已经获得了对方的好感。如何做善于倾听的人呢？首先一定要注意力集中，体现在目光上就是要坦诚地看着对方的眼睛，而且精神集中，目光炯炯，不要眼神涣散、飘忽不定、左顾右盼，这会让对方觉得你不够礼貌或缺少诚意。加上身体前倾、适当的面部表情和及时回应，你就是最有涵养、最受欢迎的人了。

2. 微笑

良好的第一印象来源于人的仪表谈吐，但更重要的是取决于他的表情。微笑则是表情中最能赋予人好感、增加友善、愉悦心情的表现方式（见图 7－1）。

图 7－1　微笑

微笑表现你的真诚、友善，可以消除隔阂，缩短心灵距离；微笑表现你的心境良好，可以展现超强的自信和素养；微笑体现你的影响力，可以为你带来意外收获。

公众场合不适宜放声大笑，最好的笑是微笑。微笑按程度可分为：1 度微笑，即莞尔一笑——微微一笑，时间短，程度浅；2 度微笑，即眉开眼笑——眉头舒展，眼含笑意，高兴愉快；3 度微笑，即露齿而笑——时间更长，更加热情洋溢。

如果是一般交流，谈到会意处，可莞尔一笑；谈至开心时，可眉开眼笑。如果是接待客人，可露齿而笑，6～8 颗皆可，以表现出你的热情和喜悦。图 7－2 呈现的三张表情示意图分别代表三种程度的微笑。

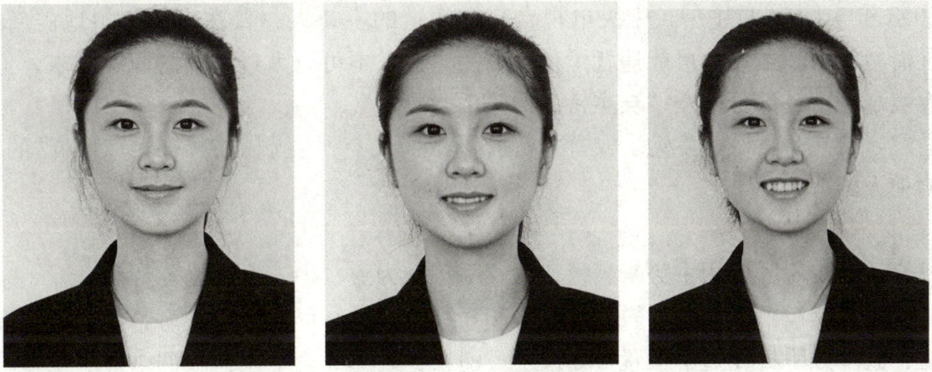

图 7－2　微笑的程度

练习微笑可以使用以下方法：

发音训练法——发“一”“七”“茄子”等音；

情绪记忆法——回忆美好的人和往事；

工作激励法——他人的需求、事业的成就；

实物训练法——运用筷子、书等物训练；

对镜练习法——用手指在嘴角往上提。

但真正的微笑是发自心灵深处的，只有保有一颗平常的心、宁静的心和敬畏的心的人，才会常常面带微笑，才会笑得动人。《礼记·祭义》里有这样的句子：孝子之有深爱者，必有和气；有和气者，必有愉色；有愉色者，必有婉容。这不仅适用于孝子对父母，也适用于学生对老师、下级对上级，晚辈对长辈，甚至同学、同事、朋友之间。

无论上下、长幼、尊卑，只有心中有爱，才会心生慈善，然后才有宽容，最后才有礼仪。让我们常怀感恩之心，感恩生活，感恩生命，感恩与我们相遇的每个人。

3. 喜怒哀乐

你能看出图 7－3 中表情的细微变化吗？

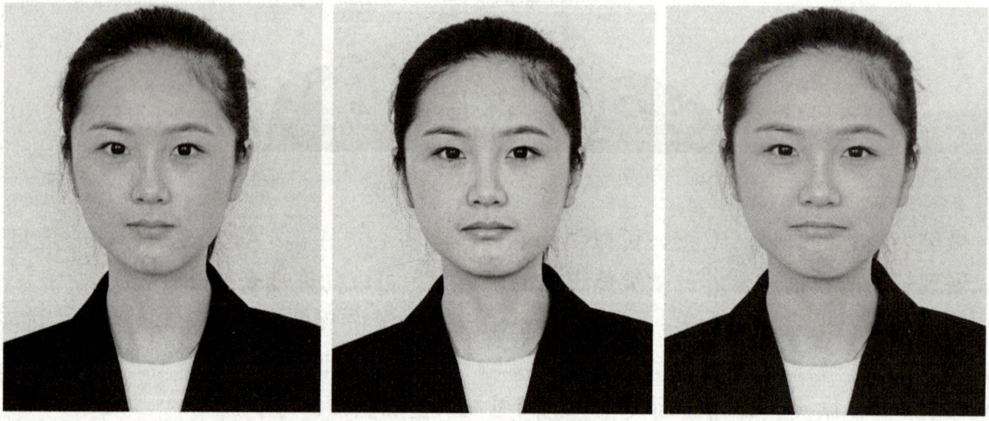

图 7－3　表情的细微变化

人有七情六欲，有喜怒哀乐，有时会喜形于色。如果表现得当，还可以生动、丰富、美化自己的形象。

2008 年 5 月 14 日中午，中央电视台新闻频道的主持人赵普在直播汶川地震新闻时，忍不住潸然泪下。虽然他可能违背了作为新闻主持人不可以太过动情的职业要求，但大部分网友表示理解，部分网友“被主持人的落泪所感动”。

总之，自然、真诚、生动、友善，符合场景而又有所克制的表情，是对自己的尊重，也是对他人的尊重。

（二）手势

社交活动少不了借用手势来表情达意。手势分为上、中、下三位。

上位：肩膀以上的位置，敬礼、宣誓和介绍对方的时候。中位：肩膀以下、腰部以上的位置。大多数手势在这个位置，如握手、递物、鼓掌等。下位：腰部以下的位置。一般手势尽量不要在下位，但请坐必须如此。

1. 指示、引领

要领：侧身并略倾向指示方向，头部转向并正视对方，面带微笑，手臂在身体侧 45°

伸出，上臂与身体约 50°，小臂与大臂约 150°，五指并拢，掌心侧向上，抬至腰部以上，停留 3 秒左右。引路时手臂在中位，请坐时手臂在下位，先由对方向下画出一个弧线，指向椅面。具体示例见图 7-4、图 7-5、图 7-6。

图 7-4　请进基本姿势

图 7-5　引路基本姿势

图 7-6 请坐基本姿势

2. 鼓掌

要领：注视对方，面带微笑，小臂抬至腰部以上，四指并拢，虎口张开，双手凹掌相鼓，保持节奏欢快，声音响亮。一般时间 3 秒左右。具体示例可见图 7-7、图 7-8。

图 7-7 正式成熟的鼓掌

3. 挥手

用来向他人表示问候、感谢、道别等。近距离大小臂均可弯曲，但当对方渐行渐远的时候，为表达对对方的依依不舍，可将大小臂伸直，五指并拢，掌心朝向对方，摇动手腕，这样既热情又优雅。

图 7-8　清纯可爱的鼓掌

手势注意事项：多用“五指山”，少用“一指禅”。也就是说做手势的时候，不要单用食指、中指，而应伸出整个手掌，把掌心朝向对方。多用赞美别人的手势，比如大拇指。

细节决定成败，礼仪举止之间。希望大家培养优雅举止，成就精彩人生！

第二节　电话礼仪

随着我国人民生活水平的逐步提高和通信事业的迅猛发展，电话、手机、网络成为人们联系工作、交流信息、联络感情的重要通信工具。电话已进入千家万户。人们居家、上班时经常使用电话。打电话看起来似乎很简单，但如果不熟悉或不讲究使用电话的礼仪，可能会导致通话双方都不愉快。下面介绍使用电话的礼仪，以便届时取得最佳通话效果。

一、塑造良好的电话形象

电话是一种特殊、快捷的交往方式。说它快捷，是因为两人即使相距遥远，通话时却犹如近在咫尺；说它特殊，是因为彼此“只闻其声，不见其影”（使用可视电话例外）。既然通电话主要靠声音进行交流，因此，打电话者和接电话者均应格外注意音量、语气及谈话内容，以给对方留下美好的印象。

二、打电话的礼仪

（一）选择时间

打电话，应选择适当的通话时间。一般说来，若无特殊情况，尽量选在受话人上班10分钟以后或下班前10分钟通电话，这时对方可以比较从容地听电话。除非事情紧急，打电话时间不宜过早（早上7点钟以前）和太晚（晚上10点钟以后），以免打扰别人休息。

打国际长途电话时，则要注意地区时差。

（二）通话准备

通话前要有所准备。确定受话人的电话号码，以免拨错号码，给别人增添麻烦；通话前要事先想好谈话内容，重要电话不妨先在纸上记下要点和有关数据，而不要在通话时才慌慌张张翻材料，让对方握着听筒干着急。

（三）通话礼貌

通话要讲究礼貌。电话接通后应先向对方问好，然后自报单位和姓名。若接电话者不是自己要找的人，可请他（她）帮忙传呼，并表示谢意。如果受话人不在，不要“咔哒”一声把电话挂断，而应把自己准备讲的话告诉接电话者，托他转告。如果内容不便转告，可以告诉对方改时间再打，或请对方转告回电话的号码。

通话内容应简明扼要，不要东扯西拉。根据情况可用探询或商量的语气交谈，同时细心倾听对方的反应。除了特殊情况外，通话时间切忌过长，每次以 3 分钟左右为宜。交谈完毕道谢或道别后，把话筒轻轻放好。一般来说，打电话的一方先挂电话，但如果对方是长辈、上级，应让对方先放话筒。

三、接电话的礼仪

（一）尽快接听

电话铃一响，应尽快接听电话，而不要置若罔闻，或有意延误时间，让对方久等。拖延时间不仅失礼，有时还会误事。

电话铃响之际，如果自己正与同事或客人交谈，可先与同事或客人打个招呼，再去接电话。拿起听筒后，先说“您好”，接着自报家门。听电话时应聚精会神，可以不时地“嗯”一声，或说“好”等，以表明自己正在仔细地倾听对方的谈话并有所反应。不要在接听电话的同时，与身边熟人打招呼或小声谈论其他事情。

（二）注意姿势

一般左手接电话，右手便于记录重要的事情。接到电话时若正在用餐，最好暂停吃喝，因为各种声音通过电话传进对方的耳朵，会让对方产生被轻视的感觉。

（三）助人为乐

当接到的电话不是对方要找的人时，应主动帮助对方传呼受话人。如果受话人不在，要马上告诉对方，并客气地询问对方，是否有急事需要转告。如有，应认真记录，随后及时转告。对方若不愿讲，也可悉听尊便，但不可盘问、打听。通常在对方放下电话之后，接电话者再轻轻放下电话。

接到打错的电话，首先仔细倾听对方找谁，然后询问对方拨的号码是多少，最后客气地告诉对方打错了电话。若有可能，不妨为对方提供一点线索。不必责怪拨错电话号码的人，或气呼呼地挂断电话，以发泄不满，这是不礼貌的举止。对方道歉时，可说声“没关系”；对方致谢时，回答“不客气”。彼此以礼相待，皆大欢喜。

四、手机礼仪

随着手机的普及，手机持有者有必要了解和掌握使用手机的通话礼仪。一般说来，使用手机也应当参照上述电话礼仪。手机礼仪包括“六要”“六不要”，具体如下：

1.“六要”

(1) 当手机铃声响起，要尽快接听。

(2) 因故未能接听电话，发现信息后要及时回话。

(3) 通话时要使用礼貌语言，用文明字眼发短信。

(4) 要遵守公共秩序，在教室、图书馆、会议室、电影院等公共场合自觉关机。

(5) 在别人家做客时，要尊重主人。没有特殊情况，不要不停地使用手机打电话。

(6) 要注意安全，最好把手机放在提包和手袋里，因为手机挂在胸前不太安全。此外，在驾驶汽车时尽量不使用手机。

2.“六不要”

(1) 不要主动索取他人的手机号码。

(2) 一般情况下不要借用他人的手机。

(3) 不要看别人发短信，不要编写和转发黄色短信。

(4) 不要偷拍别人的形象。

(5) 使用个性化的铃声无可非议，但不要使用内容不文明的铃声。

(6) 不要在医院急诊室附近使用手机，不要在行驶的飞机上使用手机。

五、短信礼仪

因故不方便通话，或节假日时，可利用短信进行沟通、发送问候。短信要主题明确、言简意赅、没有歧义。发短信给不是很熟的人，一定要落款留名，让对方知道是谁发的。不要在回复时，只发一两个字，惜字如金，那样往往会给对方冷漠的感觉。具体应讲究下述礼仪：

1. 应当使用文明语言

发短信是为了联系工作，交流信息，因此，应尽可能使用文明语言写短信，而不要创作或转发一些格调低下甚至包括黄色内容的短信。

2. 通常要署名

发短信署名既是对对方的尊重，也是达到目的的必要手段。因此，一般情况下，发短信最好署名，以便对方一目了然。如果不署名，很有可能让对方猜半天，有时候甚至会误事。

3. 要适可而止

上课时间或者上班时间，每个人都在忙于学习或工作，即使不忙，也不要没完没了地发短信，否则会影响学习或工作，甚至打扰对方学习、生活或者工作。如果对方正在上课或者主持会议，或者正在商谈重要事项，闲聊式的短信会让对方不悦。

4. 不能太晚

有些人觉得晚上 10 点以后不方便给对方打电话了，就发个短信告知。短信虽然更简便，但如果时间已晚，也可能会影响对方休息。

第三节 网络礼仪

随着信息技术的发展和电脑应用的普及，人类新的生存空间——网络世界应运而生。We Are Social 和 Hootsuite 联合发布了 2019 年全球数字报告，报告显示，全球人口 76.76 亿，其中手机用户 51.1 亿人，网民 43.9 亿人，有 34.8 亿人活跃在社交媒体上。据第 50 次《中国互联网络发展状况统计报告》，截至 2022 年 6 月，我国网民规模达 10.51 亿，较 2021 年 12 月新增网民 1 919 万。

人们在学习、工作和生活中越来越多地使用互联网。虽说网络看不见、摸不着，网民在网络世界里应当冷静、理性，坚守法律的底线，坚守道德的良知。世界各地的网络工作者和网民在利用互联网进行传播和交往的过程中，逐渐总结出一些使用网络时应当遵守的规则——网络礼仪。

一、基本规范

网络礼仪（netiquette）是保障网络世界正常秩序的基本规范。国外一些计算机网络组织为其用户制定了一系列相应的规则。如美国计算机伦理学会制定的十条戒律：不用计算机伤害别人，不干扰别人的计算机工作，不窥探别人的文件，不用计算机进行偷窃，不用计算机作伪证，不使用或复制没有付钱的软件，未经许可不可使用别人的计算机资源，不盗用别人的智力成果，应考虑所编程序的社会后果，应以深思熟虑和慎重的方式使用计算机。

国外有些机构还明确规定了被禁止的网络违规行为，如美国南加利福尼亚大学关于网络伦理的声明指出了六种网络不道德行为的类型：有意造成网络交通混乱或擅自闯入网络及其相连的系统，商业性地或欺骗性地利用大学计算机资源，偷窃资料设备或智力成果，未经许可接近他人的文件，在公共用户场合做出引起混乱或造成破坏的行为，伪造电子函件信息。

以上虽说也称礼仪，实则是国外网络的一种规范，甚至法规。

二、基本礼仪

1. 掌握网络礼仪的注意事项

（1）熟悉网络知识。

所谓网络，就是将多台电脑连接在一起，使各用户之间能够通过数据库、聊天室、电子邮件和其他方式进行便捷的沟通与交流。网络可分为广域网和局域网两大类：如互联网属于广域网，校园网则属于局域网。

（2）了解网络礼仪。

现代高科技的发展给人类生活带来了许多便利，互联网给世界各地的人们提供了一个相互交流的平台，相识的和不相识的人，通过网络进行交流。因此，网民应了解上网礼仪。

（3）记住人的存在。

在网络世界漫游的时候，不要忘记网上还有许多朋友，其中有网络管理人员、网络维护者、网友、“黑客”等。因此，上网者要控制上网时间，尊重其他网友。另外，玩网络游戏时不得作弊。此外，还要注意做好保密工作等。

（4）网上网下行为一致。

在现实生活中，绝大多数人遵纪守法，注意用法律及道德标准规范自己的行为。同样，互联网上的道德和法律与现实生活也是相同的。因此，在网上交流时，也需要用法律或道德标准规范自己的行为。

（5）入乡随俗。

不同的网站、不同的论坛有不同的规则，在某个论坛能做的事情，在另一个论坛可能不宜做。例如，在聊天室畅所欲言和在一个新闻论坛发表意见是不同的。最好先观察后发言，以便了解论坛的气氛和可以接受的行为。

（6）尊重他人的时间。

别人为你寻找答案需要花费时间和资源，因此，在你提出问题之前，应先花些时间进行搜索和研究，然后再提出问题。也许同样的问题以前你曾提出过多次，现成的答案随手可及。

（7）在网上留个好印象。

由于网络交流的匿名性，因此文字成为网民相互之间印象的唯一判断。网民在交流和沟通时，如果对某一方面不熟悉，可以先阅读相关资料。在发帖前应仔细检查语法和用词的准确性，尤其值得注意的是，不要使用脏话和挑衅的语言。

（8）分享你的知识。

除了礼貌地回答别人提出的问题外，包括当你提出的问题得到其他网民较多的答复时，特别是通过电子邮件得到答复后，最好写份总结与大家分享。

（9）平心静气地争论。

争论是正常现象，但要注意以理服人，不要进行人身攻击。

（10）尊重他人的隐私。

电子邮件是隐私的一部分。如果你熟悉的某人用笔名上网，你未征得本人同意便将他的真实姓名公开，则是一种不好的行为。再则，当你无意中看到别人电脑上的邮件或秘密，更不应该“广播”。

（11）不要滥用权力。

管理员、版主、群主，比其他用户享有更多权力，故应珍惜这些权力，而不要滥用特权。

（12）宽容。

当看到别人写错字或者提出一个低级问题时，最好不必介意。当然，也可用电子邮件的方式提出自己的建议。

2. 掌握网络沟通技巧

在网上进行交流，需要掌握网络沟通技巧。一是了解在线交流技巧，二是熟悉网络交流常用缩略语及表达符号。

（1）在线交流技巧。

应避开网络使用高峰时间，一般说来，根据人们的上班时间和生活习惯，每天网络使用高峰时间段有三个：上午8—11点；中午12点—下午3点；晚上7—9点。为了避开网络忙导致网速慢的情形，不妨选择网络相对空闲时间上网。

熟悉各类网站浏览新闻资讯，可以上新华网、新浪网、凤凰网等；收集工作信息，则可上国家、地方人才网或各类求职网等。

网民通常以匿名方式进入网络交流频道、聊天室、论坛。在与“只闻其声，不见其人”的网友交谈时，最好就事论事，并应尽量使用文明语言和简明扼要的语言文字。准备离线时，应通知其他成员。

QQ聊天、视频聊天等网络交流逐渐普及，讲究真诚和文明的网络聊天礼仪应运而生。

一是真诚。聊天伙伴（网友）很多是陌生人，通过视频谈学习，谈工作，探讨人生，交流经验，彼此以诚相待，互相启发。切不可胡编乱造，欺骗对方。

二是文明。网络聊天主要是交流人生经验或倾诉真情实感，以获得对方的意见、同情、安慰和帮助。聊天内容可以海阔天空，但语言要文明，不可使用低级下流的语言，更不能在网上打情骂俏，以网络聊天为诱饵，行坑蒙拐骗之勾当。

（2）网络交流常用缩略语及表达符号。

通过网络收集信息和进行交流，是一件很愉快的事。为了保证传输线路的畅通，聪明的网民们巧妙使用英语缩略语，以便节约网络传递时间和提高交流效率。此外，网民们还创造了许多生动有趣的符号，借此表达丰富多彩的感情和心绪。

三、邮件礼仪

在QQ、微信等即时通信工具广泛使用的当下，电子邮件的使用频率似乎不高，但是正式场合，例如职场信函、商务往来、政治会晤等，熟练掌握邮件收发礼仪，会让我们事半功倍，成为优秀的职场达人。

（一）撰写邮件礼仪

1. 基本格式

（1）主题明确。一个好的标题，能简要概括邮件的目的或内容。标题不要过长，尽量保持一封邮件一个主题。切记标题空缺，不仅失礼，而且很容易让你的邮件石沉大海。

（2）发送人清晰。如果有多个发送人，请用分号（;）或者逗号（,）隔开，发送人名字按重要程度依次排列。

（3）抄送人选用。抄送人是指一般不需要他们的直接回复，但是需要知会的人。需要汇报的人一定要添加进来，表示对他们的尊重；不必要知会的人，不要添加进来，以免打扰他人。

（4）密送人慎重。抄送是CC，密送是BCC，密送给谁，收件人是不知道的，这个可能在一些特殊场合会用到。

（5）首先添加附件。附件是最容易忽视的部分，在求职信中最常见。信中写“简历见附件”，结果收件人找了半天发现附件为空，这就尴尬了，对发件人的第一印象就大打折扣。建议需要添加附件的邮件首先把附件添加进来，再写正文。附件超过 5 个，请压缩成一个压缩文件。遇到附件过大，可分割成几个小文件，分别发送。同时，在发送前检查一遍邮件内容，养成好习惯。

2. 具体撰写

(1) 称呼准确。邮件都要有称呼，中文称呼如“尊敬的王主任”或“敬爱的周教授”，英文称呼可以是“Dear Mr. Li”或轻松亲切一点的“Hi，Lucy”。如果称呼不止一个，可以写“亲爱的三年二班同学”或者“Dear all/Hi all”。

(2) 内容简明。邮件内容应简明扼要，表达清晰，这既是对收件人的尊重，也提高了邮件的效率。这里建议使用金字塔思维来行文，首先用一段话简要概括大意，讲清楚四个 W 和一个 H——谁（who）、什么（what）、何时（when）、为什么（why）、怎么样（how）。如果不能在一开始说清楚问题，大多数人是没有耐心读到最后一段并且搞清楚你的真实用意的——除非你是一个有绝对权威的 CEO。接下来再逐一展开，说清楚具体细节。

(3) 层次清晰。内容复杂时，建议多使用分段列表，用 1、2、3、4 等序号列几个段落进行详细说明，这里也要注意篇幅不要过长。

(4) 思考详尽。务必交代完整信息，不要经过多个邮件回复才把事情讲完整。例如，“亲爱的破风项目组成员，请于明天下午在图书馆三楼参加破风项目的启动会”。收到这样的邮件，收件人一定会回复“请问明天下午几点?”或者“图书馆三楼哪个会议室?”等，这都是信息没有交代完整的结果。比较好的说法是：

> 亲爱的破风项目组全体成员：
>
> 请于明天（2016 年 10 月 12 日）下午 2：30 在图书馆三楼 308 会议室，准时参加破风项目的启动会，请大家带好纸笔，对启动会的注意事情进行记录。
>
> 如有问题可单独与我联系（电话：××××××××××××），请勿回复全体邮件，感谢！
>
> 杨小果敬上
>
> 2016 年 10 月 11 日

(5) 合理提示。重要信息针对少量重点内容进行醒目提示，不要通篇都加粗标红，不然就没有重点了。

(6) 版面统一。邮件字体和大小尽量不要超过两种，保持行文整齐，以免影响收件人的阅读。

(7) 落款完整。邮件结尾一定要落款，签名信息不宜过多，写明姓名、职位、所属部门或公司、联系电话等即可。

(8) 通篇检查。一封邮件发出去就很难收回来了，检查无误后再发送，以免追悔莫及。

（二）回复邮件礼仪

(1) 回复及时。尽量及时回复，尤其是重要邮件，这既是对他人的尊重，又能提高邮件的办事效率。

(2) 选择回复。如果只需要单独回复某一个人，请不要回复全部，谨慎选择回复全部。

（3）自动回复。如果出差或休假，可以在邮件设置里设定自动回复功能，提示发件人，避免影响工作。

（4）定期开箱。查看有无新邮件，以便及时阅读和回复。

（5）注意安全。遇到来历不明的邮件，不要匆忙打开，可以先对来件进行预防性杀毒，然后再打开，也可以直接删除。对恶意垃圾邮件，应当举报。

四、微信礼仪

随着通信技术的发展，微信已经成为主流媒体之一，其传播时效之快、覆盖面之广、影响力之大，令微友爱不释手。使用微信，建议遵守以下礼仪：

（1）关注值得信任的微友；

（2）选择志同道合的微信朋友圈；

（3）选择合适时间发微信或转发微信，以免影响大家休息；

（4）及时回复微信；

（5）措辞柔和，可多使用语气词汇、图片、表情，给文字加温；

（6）多鼓励朋友，多对优秀微信点赞；

（7）不发违法、违规及伤害情感的信息；

（8）看到不法微信应举报。

微信还可建立群聊，微信群交流就如身处一个会所，要考虑多人感受，积极参与探讨，但不可炫耀自我，或恶意攻击他人。

每个微友都有一个微信“朋友圈”，供分享资讯和心情。发朋友圈也有礼仪：传递正能量；尽可能原创，如转载注明出处；多出精品，一是维护自己形象，二是少打扰别人；不转发就诅咒的微信不能发，道听途说的也别发，美食旅游适量发，集赞的少发，晒娃晒老公的也少发。对待别人的朋友圈：有品质的多点赞，还可加上走心的评论。

本章要点

本章阐述了沟通的几种方式：既有面对面交流，又有电话交流；既有有声交流，又有非语言交流；既有传统交流方式，更有现代交流形式。语言沟通既重在表达技巧，更重在聆听艺术。珍惜面对面交流，利用好肢体语言。随着经济的发展、社会的进步，网络交往愈加频繁，也愈显重要。书信、电话、短信、微信、邮件等，是隔空社交，也更凸显出现代人的素质涵养、礼仪修为。希望同学们做一名受欢迎的社交达人！

思考训练

一、选择题

（一）单选题

1. 电话响起时最多不能超过（　　）接起。

A. 一声　　B. 两声　　C. 三声　　D. 四声

2. 商务通话可选（　）。

A. 周一上午　　B. 周五下班前　　C. 晚上 10 点后　　D. 周二上午

3. 当您的同事不在，您代他接听电话时，应该（　　）。

A. 先问清对方是谁

B. 先记录下对方的重要内容，待同事回来后告诉他处理

C. 先问对方有什么事

D. 先告诉对方他找的人不在

4. 一般来说，手势应处于（　　）。

A. 上位以上　　B. 中位以上　　C. 下位以上　　D. 自然状态

5. 关于微笑，表述较准确的一项是（　　）。

A. 古人曰“笑不露齿”，应含蓄为佳

B. 张开嘴唇，露出八颗牙

C. 所谓眉开眼笑，眉眼一定要弯曲

D. 真诚自然，肌肉应平缓舒展

（二）多选题

1. 双方通电话，应由谁挂断电话?（　　）

A. 主叫先挂电话

B. 被叫先挂电话

C. 尊者先挂电话

D. 不做要求，谁先讲完谁先挂，最好同时挂

2. 电话通话过程中，以下说法正确的有（　　）。

A. 为了不影响他人，不使用免提方式拨号或打电话

B. 为了维护自己形象，不边吃东西边打电话

C. 为了尊重对方，不边看资料边打电话

D. 以上说法都不正确

3. 打电话应注意的礼仪问题主要包括（　　）。

A. 选择恰当的通话时间

B. 通话目的明确

C. 安排通话内容

D. 挂断电话时注意的礼貌用语

4. 在商务礼仪中，有些时候，不要因公事打对方电话，这些时候通常是指（　　）。

A. 星期一早上 10：00 以前的时段

B. 周末的 16：00 以后时段

C. 对方休假时段

D. 平常 22：00—6：00 这个时段

5. 在会客时或拜访客户时，手机要做到（　　）。

A. 不大声讲电话　　B. 不响

C. 不听　　　　　　　　　　　　　　D. 不出去接听

参考答案：

（一）C、D、B、B、D

（二）AC、ABC、ABCD、ABCD、ABC

二、阅读思考题

1. 礼仪有“和”的精神，古人在很早前就提到过“礼之用，和为贵”，也就是礼仪的最大用处就是用于人与人之间的和睦相处。在现代社会，这个“和”既是人与人之间、单位与单位之间、国家与国家的和睦、和平，也是社会的和谐。礼仪的另一核心本质是“尊重”。礼仪的力量还体现在它的感情色彩方面，是有温度的、温和的。

“一车一杆，电脑收费，主动缴费，谢谢合作!”“一车一杆，电脑收费，闯杆砸车，后果自负。”这是我们在同一城市的两个不同的公路收费站前看到的提示。

（1）你认为哪个效果会更好，为什么?

（2）如何在处理问题方面体现礼仪的力量?

2. 阅读下文，相比简单的说教，你是否更喜欢教授委婉而风趣的回答？举出几个生活中关于说话技巧的案例，说明说话的作用、语言的魅力。

畅销书与《老残游记》

在学校里，不少学生非常喜欢阅读时下流行的畅销书，对阅读畅销书的热情远胜过阅读世界文学名著。

一天，某大学中文系正在上课，一名女生问上课的教授是否读过一本正在流行的畅销书，教授回答说自己没读过。这名女生非常惊讶地对教授说：“这本书已经快发行三个月了，您怎么还没有读过呢？这可是现在最热门、最畅销的书。”

教授听了这名女生的话后，笑了笑，然后反问道：“这位同学，你读过刘鹗的《老残游记》吗?”

学生回答：“没有，没读过这本书。”

教授说：“那你可要抓紧了，这本书已经问世 100 多年了。”

教授的一句话，听起来好像简单，其实，教授委婉地表达了几层含义。首先，一些富有社会价值、文学价值的文学经典作品值得阅读；其次，一些畅销书虽然流行一时，但却经不起时间的考验；最后，大学生应该阅读品位较高的文学作品，提高自己的文学修养水平和鉴赏能力。

三、案例分析题

面对不礼貌和来者不善的人，我们会如何回应？是不是往往气愤不已，甚至动怒、翻脸？其实最好的方式是不露声色，于风平浪静处化解尴尬。下文给我们怎样的启示？

星座与十二生肖

有一次，一个由欧洲贵族组成的参访团来访我国，他们有学问和修养，待人彬彬有礼，但他们的修养背后隐藏着一种傲慢。最后一天聚餐，可能酒喝多了，这些贵族的言谈举止变得比较率性。席间，一位德国贵族站起来说：“你们中国人，怎么属什么猪啊、狗啊、老鼠啊！不像我们，都是金牛座、狮子座、处女座……真不知你们祖先是怎么想的！”

这时有一个年轻的中国人站了起来，用平和的语气说：“是的，中国人的祖先很实在。我们十二生肖两两相对，相辅相成，体现了我们祖先所追求的中庸之道。”这时，现场气氛慢慢安静了下来，不过，贵族们的脸上还是一副满不在乎的神情。这位中国人说：“第一组是老鼠和牛。老鼠代表智慧，牛代表勤奋。智慧和勤奋一定要紧紧结合在一起。如果光有智慧，不勤奋，那就变成小聪明；而光是勤奋，不动脑筋，那就变成愚蠢。这两者一定要结合。这是祖先对我们第一组的期望和要求，也是最重要的一组。第二组是老虎和兔子。老虎代表勇猛，兔子代表谨慎。勇猛和谨慎一定要紧紧结合在一起才能做到胆大心细。如果勇猛离开了谨慎，就变成了鲁莽，而没了勇猛，就变成了胆怯。这一组也非常重要，所以，”年轻人看着这些贵族，补上一句，“当我们表现出谨慎的时候，千万不要以为中国人没有勇敢的一面。”看着大家陷入沉思，年轻人继续说：“第三组是龙和蛇，龙代表威猛，蛇代表柔韧。所谓刚者易折，就是太刚了容易折断，但是，如果只有柔的一面就易失去主见，所以，刚柔并济是我们的祖训。接下来是马和羊，马代表勇往直前，羊代表温柔和顺。如果一个人只顾自己直奔目标，不顾及周围环境，必然会和周围不断磕碰，最后不见得能顺利达到目标。但是，一个人光顾及和顺，他可能连方向都没有了。所以，勇往直前的秉性，一定要与和顺紧紧结合在一起，这是祖先对我们的第四组期望。再接下来是猴子和鸡。猴子代表灵活，鸡定时打鸣，代表恒定。灵活和恒定一定要紧紧结合在一起。如果你光灵活，没有恒定，再好的政策也得不到收获。一方面具有稳定性，保持整体和谐和秩序，另一方面能在变通中前进，这才是最根本的要旨。最后是狗和猪。狗代表忠诚，猪代表谦和。如果一个人太忠诚，不懂得谦和，就会排斥他人。反过来，一个人太谦和，少了忠诚，这个人就会失去原则。无论是对一个民族的忠诚，还是对自己理想的忠诚，一定要与谦和紧紧结合在一起，这样才容易保持内心深处的平衡。”

解释完毕，年轻人说：“最后，我很想知道你们的水瓶座、射手座等星座体现了你们祖先对你们的哪些期望和要求？希望赐教。”这些贵族很长时间都没有说话，全场鸦雀无声。

结　语

泱泱华夏，文明流长，礼仪教化，治国兴邦。

几千年风云跌宕，中华文明生生不息。历史发展到今天，不少文化正在经历兴衰流转。弘扬礼仪文化，倡导现代文明，坚定文化自信，彰显中华礼仪的时代价值，让文明礼仪紧随社会发展的步伐，实现国家富强、民族振兴、人民幸福的中国梦，这是中国式现代化的必由之路。

礼仪之邦，不仅体现治国之道，也体现公民素养。坚持以文化人，让文明礼仪融入日常生活，内化于心、外化于行，对今日之国人，更具时代意义。社会不断发展，人口加速聚集，亟须我们培植理性的公共意识，坚守礼仪核心，做一个尊重他人的新生代公民。伴随人文交流日益密切，为使相处更融洽，沟通更高效，亟待我们转变观念，改变习惯，尊重他人的礼仪风俗，加快走向现代社会的文明；随着国家不断开放，我们也有更多机会迎接外国宾朋，学礼知礼、习礼行礼，讲好中国故事，传播中国声音，展现中华礼仪的独到之美。

今日之中国，以一往无前的磅礴气势日益走近世界舞台中央。从“一带一路”，到“构建人类命运共同体”，无不彰显大国智慧和担当。孙子曰：“上兵伐谋，其次伐交，其次伐兵，其下攻城。”任何一个强国，要想久立于世，仅靠物质的强大是不够的，没有道德的丰盈，缺乏礼仪的修养，不可能真正赢得世人的尊重。中华优秀文化启示世人：唯有睦邻友好，才能和平共处；唯有以礼相待，才能共通共融。

面向世界，中华礼仪引领时代；

继往开来，人类文明更加灿烂！

后　记

2015 年 9 月，中国人民大学出版社策划编辑王雪颖来函，约我为当代大学生编写一本《现代礼仪》教材。作为一名礼仪工作者，我乐此不疲，并邀请知名礼仪培训师周静副教授参与编写该教材。此前，我曾和她多次合作，一起编著了《大学生礼仪》《社交礼仪》《中国优秀礼仪文化》等。这本《现代礼仪》既充分吸收了我们已出版的同类著作的精华，又富有新意。周静受托担任本教材执行主编，从制定大纲，到组织编写，她一丝不苟、井井有条，出色地完成了书稿的组织编写工作。其中，武汉大学李荣建教授撰写第一章，鄂东职教集团副教授周静、湖北城市职业学校高级讲师熊文开撰写第二章，李荣建、周静合撰第三章，李荣建、熊文开合撰第四章、第五章，武汉大学知名饮食文化专家方爱平、黄石艺术学校教师孟小雪撰写第六章，李荣建、腾讯公司计费产品经理熊曦、中国宝武宝信软件有限公司通信集成高级工程师彭征合撰第七章。黄石市教师发展中心主任汪丽娟、湖北城市职业学校教务处主任石川提供部分案例。湖北轻工职业技术学院工商管理学院学生汪海洋提供部分照片。最后由李荣建教授通审、定稿。

为适应新形势，深入贯彻习近平新时代中国特色社会主义思想和党的二十大精神，按照坚定文化自信、建立文化强国的新要求，2022 年 11 月，由副主编熊文开执笔，修订了前言和结语，并修改了部分内容。全书在李荣建的指导下，由周静审核而成。

本书既可作为高等学校通识课程教材，也可作为广大读者自学礼仪的有益读物和参考书。

本教材提供多媒体课件、电子教案、教学视频、模拟试卷及答案，供授课老师和读者使用或参考。

感谢大家选择本教材，并欢迎业界同人和热心读者提出宝贵意见，以便日后修订，逐渐完善本教材。

李荣建

2022 年 10 月于武汉大学

教学支持说明

（教学课件）

中国人民大学出版社教育学科秉承“出教材学术精品，育人文社科英才”的出版宗旨，多年来，出版了大批高质量的教育学、小学教育、学前教育专业教材和学术著作。

我们为本教材制作了相应的 PPT 教学课件，任何一位采用本书作为授课教材的教师均可免费获得该课件。为了确保该课件仅为授课教师获得，烦请您填写如下材料，并将相关信息通过 E-mail 发送给我们，我们将在收到相关信息后通过 E-mail 给您发送该课件。欢迎您加入我们的 QQ 群（教育新视野交流群，群号为 159813080），或登录我社官方网站（www.crup.com.cn），注册并认证成为教师会员，以获得更好的服务。

我们的联系方式：

地址：（100872）北京市中关村大街甲 59 号文化大厦 1202 室

中国人民大学出版社

电话：（010）62515955　62515383

E-mail：ggglcbfs@vip.163.com

QQ 群：159813080

兹证明__________大学/学院__________院/系__________专业__________学年第__________学期开设的__________课程，采用中国人民大学出版社出版的____________________（书名、作者）作为本课程教材。授课教师为__________，授课班级共______个、学生______人。授课教师需要与本书配套的教学课件。

联 系 人：____________________

通信地址：____________________

邮　　编：____________________

电　　话：____________________

E-mail：____________________

系/院主任：__________（签字）

（系/院办公室章）

______年______月______日

内容简介

礼仪是人生的必修课。学习礼仪，可以帮助人提升修养、塑造形象，更好地与他人沟通，为生活和工作加分。本书就是为提升人们的礼仪气质而精心编写的。全书详细阐述了个人礼仪、生活礼仪、职场礼仪、社交礼仪、餐饮礼仪、沟通礼仪等方面的内容，并辅以相应的图片与案例，图文并茂，与现实联系密切。本书既可作为高等学校通识课程教材，也可作为读者自学礼仪的有益读物。

策划编辑：王雪颖
责任编辑：李俊峰　刘袁源
营销编辑：黄　强　朱晓霞
封面设计：王宇祥

ISBN 978-7-300-31543-0

9 787300 315430 >

定价：39.80 元